歴史文化ライブラリー

67

薬と日本人

山崎幹夫

吉川弘文館

目次

緒方洪庵の薬箱——プロローグ

先日、機会を得て、大阪の適塾《てきじゅく》の一室をお借りしてある人と対談をするうちに、緒方《おがた》洪庵《こうあん》の薬箱の話題が出た。私は、洪庵という人が偉大な蘭学《らんがく》者であり、教育者であることはもちろんよく知っていたが、洪庵自身が臨床医家としてどれほどの活躍をしたかについては、迂闊《うかつ》にもはっきりと理解をしていなかったので、洪庵の薬箱の中身に興味を引かれた。

洪庵の医学の師は蘭方《らんぽう》医中天游《なかてんゆう》である。洪庵は文政九年（一八二六）に十六歳で入門し、四年間の修業の後、江戸に出て坪井信道《つぼいしんどう》の門に入った。また信道にすすめられて、信道の師宇田川玄真《うだがわげんしん》から薬物学を学んだ。

やがて洪庵は、長崎での二年間の修業の後に大坂に戻り、医業を行うかたわら私塾を開き、蘭学の教育を開始したのは天保九年（一八三八）のことであった。しかし洪庵が長崎で医学を学んだという明確な証拠はない。したがって、十六歳の時に中天游のもとで医学を学び始めてから、大坂で自身が医師として開業するまでの一二年間の間に、洪庵がどれだけの医学を学び、臨床経験を積んだかについてはよくわからない。しかし、開業して二年目のころにはすでに大坂在住の名医として洪庵の名はかなり広まっており、嘉永元年（一八四八）の大坂の『当時流行町請医師名集大鑑』では最高位の大関の位についている。

洪庵の日記によると、自らの健康状態もあまり良くないにもかかわらず、熱心に往診をしており、急病人からの迎えにも応じていたらしいことがわかる。

大坂の漢詩人広瀬旭荘《きょくそう》の日記にも、「家族が発病のつど医者を呼ぶのだが、わざわざ迎えをやらなければ来てくれない。大坂の医者は病家で他の医者と出合うのを嫌うからなのだ。しかし洪庵先生だけは嫌がらずにいつでも往診してくれる」と洪庵の誠実さをほめたくだりがある（緒方富雄『緒方洪庵伝』）。

洪庵自らが抄訳して医師の戒めとしたフーフェランドの『医戒』の「医師としてただ病者の治癒に専念すべし」という教えを守っていたのだと思われる。

緒方家に残された洪庵の薬箱は、そのころに使われたものと考えて何の不思議もない。が、面白かったのは残された薬箱が二個あったという話であった。

残念ながらその場で現物を見ることはできなかったが、一個はやや大きく、何段かの引出しがついていて、それぞれにぎっしりと詰められていたのは、大半が漢方医学で繁用される生薬《しょうやく》類で、漢方医の薬箱のようであるという。そしてもう一個は、時代も少し遅れてやや小ぶりに作られ、中にはガラスの洋薬瓶が並べられていて、瓶の中身は、センナ、オンジ、ゲンチアナ、セメン、キナなどの洋薬を原料とした液剤（水薬）、エキス剤、アルコール浸剤《しんざい》などが重曹《じゅうそう》（炭酸水素ナトリウム）や硫苦《りゅうく》（硫酸マグネシウム）などの散剤（粉薬）とともに入っていて、いかにも蘭方医としての特色をもった内容であったという。

ここで注目すべきことは、当時並ぶ者なしといわれるほどの蘭方医であり、多くのオランダ医学書を解読して知識に通暁《つうぎょう》していた洪庵といえども、実際の診療に漢方薬を利用していたらしいことである。

状況がしだいに展開して、医学書にあるような医薬がオランダから輸入され、入手できるようになるにつれて洪庵の薬箱には洋薬が増え、また製剤技術が応用されてエキス剤や浸剤などの製剤が加わるようになった様子もよくわかる。

新しい医学を理論の上で受け入れることは、ある程度、それまでに身につけていた医学知識の基盤に重ね合せることによって可能なことなのかもしれない。しかし、そこで応用される技術、使われる機器、薬品の類は、書物を通した理論を理解するようには把握できないのではなかろうか。

わが国の近代医学は、明治二年（一八六九）に新政府が決定した政策によって導入されたドイツ医学を範として展開し、以後一三〇年の間に著しい進歩を遂げて現在に至った。本書では、その輝かしい歴史の陰で、じつは医学とともに導入され、ともに展開してわが国の医療に貢献するはずであった薬学の歴史に触れてみた。

一方で十九世紀以来ドイツに興《おこ》った有機化学に拠って製薬技術を導入するという成果をあげたわが国の薬学は、じつはもう一方では、明治以来、医療の現場に踏み込むことを許されない挫折の歴史をくり返してきた。その歴史の中で、医薬分業が実現されないままに医療現場での役割をもたずに現在に至った薬学の存在は、世界でも例をみないわが国だけのものになってしまった。

本書では、そうしたわが国における薬学の誕生と挫折の経緯を前半で述べ、その背景として、近代医学を受け入れるまでのわが国の医学の歴史、言いかえれば薬にかかわる日本人の歴史を後半に述べてみた。そして最後に、わが国の現代医療がさらに二十一世紀に向けて展開するなかで薬学が果たすべき役割を改めて認識し、これからあるべき姿を考えてみた。

本書の執筆にあたって参考にさせていただいた文献、書籍などはできる限り本文中に引用するようにしたが、すべてを網羅することはできなかった。基本的な資料の主なものについては参考文献として巻末にあげておいた。

ミュルレルの胸像

明治・近代医学へのみち

ドイツ医学への傾斜

ミュルレルの胸像

龍岡門から東京大学の本郷構内にはいり、スクールバスの通う広くゆるやかな下り坂を五、六十メートルほど行くと、大きな十字路の右側前方に医学部附属病院外来棟の大きな建物が見えてくる。その十字路の左手前は小高くこんもりとした茂みに囲まれた薬学部の建物で、左向こう側の角には医学部附属図書館がある。

薬学部のある角、樹木の生い茂る中に、今は古びて、台座に刻まれた文字も定かには判別できなくなった胸像があるのだが、この像の位置は道路からは二メートル程の高みになっており、しかもうっそうとした茂みにさえぎられて、冬の、木々の葉がよほど枯れ落ちたころでもない限り道路を歩く人たちの目に触れることはない。

胸像の主は鼻下にカイゼルひげをたくわえ、頭上にとがった飾りとひさしのついた軍帽をかぶり、プロシャ陸軍の礼装に威儀を正した外科医レオポルド・ミュルレル一等軍医正である。

ミュルレルの胸像が東京大学医学部の構内、現在は薬学部のある敷地の東北の一角に建てられたのは明治二十八年（一八九五）である。記録としては、特徴のある軍帽をかぶった古い写真も残されているのだが、今では茂みの中に取り残されたこの像の存在に特別の関心を払う人はほとんどいない。しかし、この胸像の主、ミュルレル一等軍医正こそは、わが国にはじめて近代医学を伝えるべく、わざわざドイツから招かれて大学東校（現、東京大学医学部）の教官となった人物なのである。

相良知安の理論

わが国がドイツ医学の導入を決定したのは明治二年（一八六九）のことであった。設立されたばかりの明治政府にあって医《い》学《がく》取調《とりしらべ》御掛《おんかかり》に任命された相良《さがら》知安《ともやす》と岩佐《いわさ》純《じゅん》は、周囲の意見を抑え、わが国で範とすべき近代医学はオランダでもイギリスでもなく、ドイツの医学であると強く主張した。

それまでわが国で用いられていた蘭方の医学つまりオランダ流の医学はドイツ医学の亜流であり、また確かに、当時の国際社会にあっては英語が世界的共通語になりつつある情勢はあったものの、学術上のこと、特に医学に関してはドイツの水準が他を抜いて高いという認識を彼らは周囲に説いた。

後年、陸軍軍医総監、陸軍省医務局長となり、九十七歳の長寿を全うした石黒忠悳《いしぐろただのり》は、自伝『懐旧九十年』の中でこのことに触れている。

江戸医学所を卒業した石黒は、このころには再び郷里越後から上京して大学東校に奉職していたが、たまたま京都から東下してきた二人の「医道改正御用掛」と会い、特に談論風発して他人をはばかることのない相良知安とは、たちまち胸襟を開いて語り合う間柄になったという。

相良知安はもともとは肥前佐賀藩の藩医であったが、長崎で松本良順《りょうじゅん》の門に入り、蘭医ポンペについてオランダ医学を学んだ。また佐藤尚中《しょうちゅう》の順天堂にも入学して塾長を勤めた。見識が高く、気骨があり、そのぶん自信家でもあった。岩佐純が後に宮内省に属して天皇侍医の重職につき、華族に列せられて八十歳を超える長寿を全うしたのにくらべると、相良は部下の会計吏の不正を理由に官職を追われ、あげくは罪を背負って入獄させられて、晩年は東京の芝神明町《しばしんめいちょう》の寓居に屏息《へいそく》して非運の生涯を終えている。

石黒は「自分は相良によって大きく啓発され、わが国の医道を改正して欧米並にするために全力を挙げ、精神を医事衛生の方面に傾注することになった。相良と接したことは自らの一生を顧みて幸いなことであった」と回想している。また「わが国の医学をドイツ式とし、今日の盛大を招いたのには、出発点における相良知安の強引ともいえるほどの尽力があずかって大であり、このことはわが国医学の歴史に特筆すべきことである」とも述べている。

一方、岩佐純は越前福井藩に仕える代々の医家に生まれ、藩主松平春嶽《しゅんがく》の命令によって相良と同じように長崎におもむいて松本良順の門下に入った。そこでポンペの教えも受けた。彼はその後も相良と同じ道を歩み、佐倉順天堂で佐藤尚中について外科学を学んだ。思慮は周密で、性格の温順な人であったという。

相良と岩佐の意見は、時の大学南校の教頭グイド・フルベッキの支持を受けた。

ドイツ医学を支持した人

フルベッキは一八三〇年にオランダで生まれ、ユトレヒト工科大学を卒業して、工業技師として渡米した。しかし大病におかされて九死に一生を得たことから改めてニューヨークの神学校に入学し、宣教師となってキリスト教の布教に一生を捧げようと決心した。彼はアメリカに帰化した後に布教の目的をもって来日した。長崎に着いたのは安政六年（一八五九）の十一月であった。しかし、そのころの日本ではキリスト教の布教は許されていない。幸いにも、フルベッキは相良知安の藩主であった佐賀の鍋島直正《なべしまなおまさ》が開校した「致遠館」の校長に採用され、英語や国際法を教えることになった。伊藤博文、大隈重信、副島種臣《そえじまたねおみ》などが門下生として名を連ね、相良もここで学んだ。

ちなみに、フルベッキは明治二年（一八六九）には明治政府の近代化政策を推進するための顧問として東京に招かれ、大学南校の教師となっただけでなく、当時としては政府の最高立法府である公議所の顧問にも就任し、政府の政策に関してもさまざまな献策をするようになった。彼は明治六年（一八七三）と明治十一年（一八七八）に二度の帰国をくり返したが、その翌年の明治十二年には明治学院教授として招かれて再来日し、明治三十一年（一八九八）に東京で没している。

当時、文部省はまだ大学と称しており、東京の湯島にあった。長官は別当とよばれ、土佐の旧藩主で、新政府の議定《ぎじょう》に就任した山内容堂《やまのうちようどう》がその任に当たっていた。当然、相良と岩佐の意見は容堂に伝えられた。しかし容堂は二人の意見に反対した。彼の意中にはイギリス公使館付の医師ウィリアム・ウィリスがいた。

イギリス医学の支持者たち

英人医師ウィリス

ウィリスの来日は文久二年（一八六二）である。彼は一八三七年に北アイルランドのマグワイアース・ブリッジで生まれ、グラスゴー大学で医科大学予科を終えた後、エジンバラ大学医学部を一八五九年に卒業した。したがって来日のために海外勤務を希望し、日本の江戸駐在英国公使館付補佐官兼医官としての辞令を受けた一八六一年までには、卒業してからまだ二年しかたっていない。

医学部を卒業して二年しかたたないのに、彼が故郷を遠く離れた東洋への勤務を強く希望した理由はよくわからない。父ジョージが粗暴な性格であったことが、ジョージの五番目の子供で四男であったウィリスの青春に暗い影を落としたとも伝えられるが、在日中のウィリスについて伝記を書いた後の英国駐日大使ヒュー・コータッツィは、著書の中で次のような状況について述べている。

ウィリスは大学卒業後に勤務したミドルセックス病院で看護婦との間に誤ちを犯し、男子をもうけた。ウィリスにはこの関係から逃れ、子供を養育するための費用を稼ぐ必要があったという（ニュー・コータッツィ『ある英人医師の幕末維新　W・ウィリスの生涯』中須賀哲朗訳）。ともあれ、ウィリスは幕末から明治維新にかけての激動の日本にいて、外交官として、また医師としての役割を通じてその名を日本の歴史に残すことになる。

そのウィリスに大きな影響を与えたサー・ハリー・パークスが第二代の駐日公使として日本に赴任したのは慶応元年（一八六五）であった。その時パークスはまだ三十七歳であったが、彼は早くに両親を失ったために十三歳の時から中国で生活し、中国語を勉強して、十六歳の時には早くも通訳官に就任し、二十六歳で厦門《アモイ》領事、二十八歳で広東《カントン》領事代理、来日の前年には三十六歳で上海領事となって活躍しており、彼の外交官としての手腕はすでにそれまでに高い評判を得ていた。

ウィリスは横浜に着いたパークスの印象を次のように述べている。

新しい長官が着任しました。……彼は普通よりはやや小柄の、細身の体つきをしています。とび色の髪の毛、赤い頬ひげ、洗練された顔つきに快活な表情が浮かび、上流の紳士の体裁をしている割には手や足が長過ぎるようでした。いただきの高い頭は、ひたいがはげあがっています。考えていることをただちに行動に移す人物ですが、食欲などは淡白ではないかと思います。彼に欠点があるとすれば、うるさすぎるほど活動することでしょう。……（前掲書、中須賀哲朗訳より引用）

パークスが日本で活躍した一八年間の記録については、パークスと同時期（一八六一〜六六年）に英国海軍軍医将校として中国と日本に勤務した経歴をもつフレデリック・V・ディキンズによる『パークス伝　日本駐在の日々』（高梨健吉訳）があるのでここに詳細は述べない。しかし、東洋の事情に通じ、沈着にしてしかも剛毅な性格のパークスがたちまち日本の国情を把握し、早くから薩摩藩に接近して倒幕派の勢力に助力を惜しまなかったことや、諸国からの外交官たちの間にあって頭角をあらわし、日本の政治の枢機にあずかったことなど、わが国の近代化への歴史において彼の果たした役割はウィリスに与えた影響をはるかにこえて、限りなく大きかったということができる。

ウィリス、戊辰戦争で活躍

パークスが来日してから三年後の慶応四年（一八六八）一月三日、薩摩、長州連合軍は幕府軍と鳥羽伏見の両街道で激突し、六日間にも及ぶ戦闘によって双方に多くの死傷者を出した。この鳥羽伏見の戦いと称される戦闘は、それからほぼ一年にわたって展開される戊辰《ぼしん》戦争の始まりであった。この戦争での勝利によって薩長を中心とする連合は倒幕に成功し、いわゆる明治維新が成立して、この年の九月八日には年号も明治に改められた。

当時、他の諸国の公使に対して指導的な立場にあったパークスは、この間、終始薩摩を支援し続けた。鳥羽伏見の戦いにおける負傷兵についても、薩摩藩の五代友厚《ごだいともあつ》と寺島宗則《むねのり》を通じて治療のための外科医派遣の要請を聞くや、パークスはすかさず通訳官のアーネスト・サトウを伴わせて、ウィリスを京都に送り込んだ。

サトウとウィリスの二人は二月十七日の深夜に伏見の宿に着き、翌朝には京都の相国寺に入って、ウィリスはさっそく負傷兵たちの治療を開始した。これがウィリスの日本における医師としての本格的活動のはじめであった。同時にウィリスは、それまでは外国人を頑強に寄せつけなかった京都の市内を自由に歩き回ることを許され、また、西郷隆盛ら薩摩の要人たちと親交を結ぶ機会を得ることにもなった。

ウィリスは三月二日に兵庫（神戸）の英国領事館に帰ったあと、詳細な報告書を提出した。それによると鳥羽伏見の戦闘による負傷兵は一〇〇名以上あり、ほとんどは火器による銃創で、彼が銃弾の摘出、破損した骨片の除去、膿瘍《のうよう》の切開、時には手や足の切断にまで及ぶ外科手術を活発に実施したことがわかる。手術のさいにはクロロホルムによる麻酔を行ったとも述べている。ウィリスに同行したアーネスト・サトウは、二人の京都行の経緯を著書『一外交官の見た明治維新』（坂田精一訳）の中に詳しくまた生き生きと述べているが、そこに「日本の外科医はどんな銃創でもみな縫ってしまうので、それが原因で死ぬ者がある」と当時の状況と日本人外科医師の実力の程度について書いている。

ウィリスは負傷兵の治療を行うかたわら、日本人医師の指導にも当たった。ウィリスは日本の医学に漢方と蘭方の二つの流派のあることを認め、その上で、漢方は手術を嫌うかわりに複雑な薬物を治療に用い、一方で蘭方は外科治療を行うけれども理論ばかりで技術を学んでいないと指摘した。困ったことに、治療の一環として清潔を保つために湯水で身体を洗い清めることすら拒否されることがあったと嘆いている。

ウィリスは京都市内の相国寺養源院に設けられた薩摩軍の臨時病院に収容された傷病兵の手当てをするかたわら、永続的な病院の設立と、戦傷病だけでなくあらゆる種類の病気の治療が行えるような体制の提供を相談されたとも述べている。彼が治療した傷病将兵の中には大山巌《いわお》や西郷従道《つぐみち》がおり、特に西郷隆盛の弟従道は一月四日に左の項《うなじ》に貫通銃創をうけて、かなりの重傷であった。

当時、薩摩藩は洋方医の育成にはあまり熱心でなく、わずかに、シーボルトと滝《たき》との間に生まれた娘おいねを妻とした石神良策《いしがみりようさく》など数人の蘭方医がいたにすぎない。彼らも、しかし、銃創、刀創、骨折、大出血などの処置には手のほどこしようもなく、とくに薬品の使い方については頼りない知識しかもっていなかったので、出血や化膿による死者の続出にはただ手をこまねくばかりであったという。

ウィリスは石神をはじめとして、前田杏斎《きようさい》、山下弘平などの薩摩藩医たちを指導しながらつぎつぎに難しい手術を行い、しかも出発までに彼が手術した患者からは一人の死者も出さず、数名は危篤状態を脱することができたと報告している。

京都での役目を終え、神戸に帰ったウィリスが再び新政府の要請によって京都に呼び出されたのは、神戸に帰ってから間もない三月七日のことであった。新政府の議定、山内容堂が重態に陥ったため、その治療に当たって欲しいというのが要請の内容であった。彼はパークスの命令によってその日のうちに京都に入り、容堂を見舞った。そして、ウィリスの熱心な治療によって山内容堂は危篤の状態を脱出した。以後、容堂はウィリスに限りない信頼を寄せることになる。

その後も、ウィリスは新政府大総督府からパークスへの要請に応じて北越戦場にまでおもむき、三ヵ月にもわたって、高田、柏崎、新潟、新発田、会津若松を巡り、数多くの傷病兵たちの治療に当たった。この功績によって、ウィリスに対する新政府要人、特に旧薩摩藩首脳の人々からの信頼は不動のものとなり、ウィリスは薩摩藩医石神良策に替って、後の東京大学医学部の前身である東京医学校兼大病院の院長に就任した。

福沢諭吉の意見　ドイツ医学の導入に賛成しない人物はもう一人いた。福沢諭吉であった。彼は緒方洪庵塾で塾長を務めたほどの逸材であったにもかかわらず、早くからオランダ語に代わる英語の重要性を認めてこれを習得し、これからの世界はオランダ語でなく、英語の時代になると主張していた。

万延元年（一八六〇）には、彼は自ら希望してアメリカに向かう幕府派遣の咸臨丸《かんりんまる》に乗り込み、日米修好通商条約批准使節団に従僕の名義で随行した。アメリカでの見聞は彼に多くの新知識を与えた。

諭吉はまた、文久元年（一八六一）の十二月には、幕府が開港延期交渉のためにヨーロッパへの派遣をきめた使節団に、今度は正式の団員としての参加を認められて参加している。通訳と同時に、西洋文明の探索が彼に課せられた重要な役目であった。帰国したのは翌年の十二月、歴訪した国は六ヵ国にわたっている。

帰国後に諭吉が執筆した『西洋事情』は、その後、ヨーロッパ事情を求める人たちにとって必需の案内書の役割を果たし、彼は一躍わが国の文明開化をリードする旗手となった。先にあげた石黒忠悳は彼の著書の中で諭吉を評し、「当時文化の中心たる学者中、頭脳明晰で人を風化すること第一位と言われた福沢諭吉君は、米国崇拝者であり、一時は文部大臣は芝の三田にいるとまでいわれた」と述べている。

諭吉は、大坂から江戸に出た安政五年（一八五八）に築地鉄砲洲《てつぽうず》の中津藩中屋敷に開いた蘭学塾を、明治元年（慶応四年）には芝新銭座に移して慶応義塾と称し、さらに明治四年にはこれを三田に移して、自らも三田に住んでいた。

この福沢諭吉が、すでに明治六年（一八七三）にいち早く慶応義塾に医学所を開設し、英国流の医学による医師の養成教育を始めていたことについては意外に知られていない。諭吉は、その三年程前にある塾生から医者になりたいのでドイツ語の勉強ができる所に移りたいという相談を受け、医学の勉強なら英語でやれと諭《さと》して、諭吉の英語塾の出身で医師であった松山棟庵《とうあん》に諮《はか》って医学校をつくる計画をたてた。

『医者のみた福澤諭吉』の著者、土屋雅春氏によれば、諭吉は、ウィリアム・ウィリスの良き理解者であり擁護者でもあった西郷隆盛と直接の面識があったという記録はないものの、西郷は諭吉の著書を愛読しており、諭吉の論ずるところに敬服して、薩摩藩の若い子弟たちにも福沢を尋ねて英語を学べと紹介状を書いていたという。諭吉もまたかねてから西郷を尊敬し、ウィリスの活躍と業績を認めて、明治政府の権威主義的なドイツ医学への一辺倒の指向に強い批判をもっていたという。

慶応義塾医学所は松山棟庵を所長として明治六年（一八七三）に開設され、英国式医学を基礎とした医学教育を行った。二〇〇人から三〇〇人に及ぶ卒業生を世に送ったとも伝えられる。しかし、ドイツ医学を主流とする政府の方針と相容れず、しだいに整備される医学教育制度にも合致しなかったために、明治十三年（一八八〇）には閉鎖された。

ちなみに、改めて慶応義塾大学に医学部の創立が許可されたのは大正五年（一九一六）のことであり、その翌年の三月に予科学生の募集が行われている。初代医学部長には北里《きたざと》柴三郎《しばさぶろう》が就任した。

ドイツ医学の導入きまる

相良知安の熱弁

それにしても、相良知安《さがらともやす》と岩佐純《じゅん》、特に自信家で気骨のある相良は堅い信念をもって周囲を説得し続けた。相良自身も、また岩佐も、かつてはポンペについて医学を学んだのであったが、彼らが学んだオランダ医学の大半は、じつはドイツ医学を受けついだものであることを彼らは知っていた。わが国に近代医学の息吹きをもたらすことで貢献のあったオランダ長崎商館の医師の中で、とりわけわが国の医学に大きな影響を残したケンペルもシーボルトも、本当はドイツ人医師であった。また彼らが紹介したオランダ医学書の大半は、ドイツ医学者による原著の翻訳書であったから、日本の蘭学者、とくに蘭方医たちはオランダ医学を通じてじつはドイツ医学を学んでいたことになる。しかも、大半の蘭方の医師たちは言語、理論上の医学の習得に終始し、診療の実技においてははなはだ心許《こころもと》ない医学に依っていた。これが当時のいわゆる蘭方医の実態であった。だからこそ、国内に戦乱が始まり、多数の傷病者がでた時に活躍することのできた日本人医師は、長崎養生所でポンペやボードウィンの指導を受け、実技をしっかりと身につけた松本良順《りょうじゅん》や順天堂の佐藤尚中《しょうちゅう》などの流れを汲むごく少数の人たちだけであった。

相良は、ついには京都九条邸におかれた太政官邸に参上し、議定たちを前に熱弁をふるうことまでした。この席で相良は、かねてからウィリスを推していた議定、大学別当の山内容堂《ようどう》侯と激論を交わし、容堂の憎しみを買うことになったと伝えられる。参考までに、篠田達明氏の小説『白い激流　明治の医官・相良知安の生涯』には、このあたりの経緯が詳細に描写されている。

ペリー提督に率いられた黒船の来航によって、鎖国から開国への直接の引き金を引くことになったアメリカ合衆国がわが国の文明開化に及ぼした影響は大きい。また、英国公使パークスの活躍もあって、明治政府の中には英語圏の文化に対して高い評価をもつ人たちが少なくなかった。しかし、そうした人たちの中で、かつて伊藤博文や大隈重信らとともにフルベッキに学んだことのある副島種臣《そえじまたねおみ》は、わが国の国体からすると、自由主義のアメリカ、連合王国であるイギリスよりも立憲帝政国であるドイツに万事をならうのが良いという強い主張をもち、ドイツ医学の導入に賛成した。

たまたま、それまでドイツ医学の導入に反対していた山内容堂に代わって岩佐純の藩主松平春嶽《しゅんがく》が大学別当に就任した。こうした事情と同時に、政府における薩摩と長州の勢力争いなどの要因も加わって、政府はついにドイツ医学の導入を決定した。それにともなって、ドイツからの教師の雇用、留学生の派遣などの政策がつぎつぎに打ち出されていった。一つには、オランダ人医師ボードウィンの活躍を通じて強くオランダ医学を支持した大村益次郎《ますじろう》を中心とする長州勢力と、パークスの後楯《うしろだて》もあってウィリスのイギリス医学を推す薩摩勢力の均衡を図るために、オランダでもイギリスでもない新しい医学としてドイツ医学の導入をきめたのだという説もあるが、その見方は穿《うが》ちすぎていて真偽のほどはわからない。

ウィリス鹿児島へ去る

残された問題はその後のウィリスの処遇であったが、この問題を解決したのは西郷隆盛であった。このことについて石黒忠悳《ただのり》は「大西郷は百年の長計としてはドイツ医学を採用しなくてはならぬという私どもの信念も了解せられ、その中に立って遂にウィリス氏を月俸千円で鹿児島へ連れて行かれ相当な待遇をしたのです」と述べている。

しかし、このことについて萩原延寿氏は、著書『遠い崖』の中で、ウィリスの鹿児島行きの計画はすでにかなり早い時期からすすめられていたと述べている。おそらく、ウィリスは東京医学校兼大病院の院長に就任はしたものの、周囲の蘭方医たちはなかなかウィリスの英国流の医学を理解しようとしない。政府の意見もしだいにドイツ医学の導入に傾いていくなかで、ウィリスは自らの新しい職場を求める決心を固めたのではないかという。

薩摩藩はそれ以前から将来を担う人材の育成に力を入れ始めており、元治元年（一八六四）には開成所を開設して、軍事、医学、数学、物理など広い範囲にわたって俊才教育を行ってきた。実際に、薩英戦争の後には開成所学生一二名を含む一七名もの留学生を英国に送っている。しかし、医学教育については長州藩に遅れをとっていた。そこで西洋医学についての適当な教師を探していた。ウィリスに呈示された俸給は当時としては破格であったから、この収入にもウィリスの心は動いたかもしれない。ウィリスは自ら領事館員としての身分を放棄し、医学校兼大病院の長としての地位を辞任して鹿児島へ赴任したのだと萩原氏はいう。

ちなみに、ウィリスの鹿児島医学校からは、後に海軍軍医大監となって活躍し、英国流医学教育に依った慈恵会医科大学の創始者ともなる高木兼寛《かねひろ》が卒業している。

長崎医学伝習所

明治三年（一八七〇）、時の外務大輔寺島宗則《むねのり》はドイツ北部連邦（プロシャ）の駐日大使フォン・ブラントと交渉し、医学教師雇用に関する約定を結んだ。しかし、折しもプロシャは普仏《ふふつ》戦争に突入しており（一八七〇〜七一年）、多くの軍医が戦争に駆り出されていて約束どおりのドイツ人医学教師を派遣することができない。やむを得ず、政府は、幕府が設立した長崎海軍伝習所の医学教師ポンペの後任として来日していたボードウィンに、ドイツ人教師来日までの中継ぎを依頼した。

アメリカ東インド艦隊の司令長官ペリーが遣日国使として軍艦四隻を率いて浦賀に来航したのは嘉永六年（一八五三）のことであった。このころ、すでにわが国の周辺海域には諸国の船が頻繁に出没しており、鎖国政策をとってきた幕府にとって海外諸国との関係の見直しは緊急かつ重要な問題となっていた。こうした事態への対処の一つとして、幕府は安政元年（一八五四）にオランダからの勧告を受入れ、国防自衛力を養うために海軍を創設することを計画した。その第一段階として、幕府はオランダから贈られた一隻の軍艦スンビング号（観光丸）の実地訓練を目的として長崎に海軍伝習所を設け、矢田堀景蔵《やたぼりけいぞう》、勝麟太郎《りんたろう》（海舟《かいしゅう》）などを留学させた。

伝習所は間もなく江戸築地の軍艦操練所に移されたが、幕府はさらに長崎における海軍伝習所の再建をきめ、改めてオランダに教官派遣を依頼した。そこで第一次隊と交替し、ヤパン号（咸臨丸）に乗組んで来日したのが第二次海軍伝習隊であった。ポンペは隊長リッダー・ホイセン・ファン・カッテンディーケとともに、海軍二等軍医として長崎にやって来た。

ヨハネス・リディウス・カタリヌス・ポンペ・ファン・メーデルフォルト。この長たらしい名を持つオランダ陸軍の二等軍医は、通称ポンペとよばれた。彼は、わが国が正式に雇用したいわゆる「お雇い外国人」の第一号に当たる。

ポンペは一八二九年に南オランダのブリュッゲで生まれ、この地方がベルギーとして独立した後はオランダに移って、一八四九年にユトレヒト軍医学校を卒業した。卒業後は海兵隊所属の軍医となってオランダ領東インドに派遣され、医療に従事した。ポンペが来日したのは、いったんオランダに帰って外科学を修得した後、二等軍医となった翌年、安政四年（一八五七）のことである。

ポンペの後任として来日したアントニウス・フランシス・ボードウィンは、一八二二年にオランダのドルドレヒトで生まれている。ユトレヒト大学医学部で医学を修めた後、グローニンゲン大学で研究を続け、一八四五年に学位を受けて、一八五〇年にはユトレヒトの軍医学校の教官となった。ボードウィンの前任者ポンペがユトレヒト軍医学校で医学を学んだのは一八四六年から四九年までの間であったから、奇しくも、ポンペはボードウィンが教官となった前年にこの軍医学校を卒業したことになる。ボードウィンの来日は文久二年（一八六二）である。その時、彼はオランダ陸軍一等軍医で四十歳であった。

オランダ人医師たちが残したもの

ポンペの医学教育

長崎海軍伝習所は、もともとは海軍創設のための人材育成を目的として徳川幕府がつくった学校であったが、当時の幕府にとっては医学教育も重要な課題であった。そのため、伝習隊付の軍医として着任したポンペに幕府から正式に医学伝習が依頼された。ポンペはさっそく医学の講義を開始した。しかしポンペは、当時の日本人医師が医学の基礎となるべき動植物学、化学、物理学、さらには生理学、病理学、解剖学、薬物学などの知識をほとんど持っていないことに気付いた。そこで彼は五年間の学習予定教科目を体系的に定め、基礎学力からの教育を行うこととした。

ポンペの片腕として働いたのは松本良順《りょうじゅん》であった。松本は順天堂の創始者佐藤泰然《たいぜん》の次男であったが、幕府医官松本良甫《りようほ》の養子となり、当時の漢方医を主力とする幕府医官の蘭方禁令の網をかいくぐって、幕命による海軍伝習を表向きの目的として長崎に留学し、医学を勉強していた。

ポンペのオランダ語による講義をよく理解したのはこの松本と語学の天才司馬凌海《しばりようかい》、それに佐藤の養子となり、のちに佐藤尚中《しようちゆう》と改名して順天堂を継いだ山口舜海《しゆんかい》くらいであったという。このあたりの事情については、自らもポンペに学び、後に内務省衛生局の初代局長として活躍した長与専斎《ながよせんさい》が彼の自伝『松香私志《しようこうしし》』に詳しく述べている。

しかし、幕府は世情の混乱と財政の破綻を理由に、安政六年（一八五九）三月、突如として海軍伝習所を閉鎖した。伝習生は全員江戸に引きあげることになり、オランダ人教官は全員帰国することになった。しかしポンペの医学教育はまだ完成には程遠い。そこで松本は奔走して幕府に働きかけ、ポンペを長崎に残留させて、医学教育を続行させることに成功した。

ポンペの教育はあくまでも臨床重点的であったが、彼はそのために必要な基礎学を徹底的に教えることにも熱心であった。そのために死刑囚の屍体解剖の実習も行った。この解剖実習にはシーボルトの娘楠本いねも参加したことがあると記録されている。また、ポンぺはバタヴィアに依頼して痘苗《とうびょう》（ワクチン）を入手し、種痘を実施するなど、天然痘に対する全国的対策を幕府に建言している。

ちょうど安政五〜六年に起ったコレラの大流行に関しても、ポンぺは画期的な治療と予防の対策を指導して実績をあげた。松本良順は自伝『蘭疇《らんちゅう》自伝』の中で、自分自身がコレラにかかり、ポンぺの治療方針に従って硫酸キニーネと阿片《あへん》を服用して下痢を抑え、浴桶に湯を満して全身温浴を行ったところ、嘔吐し、その後熟眠して事なきを得たと、ポンぺのコレラ治療法の実際を生々しく記録している。ウンデルリッヒの医書を引用したポンぺのコレラ治療法は、その後に松本良順によって冊子にまとめられ、長崎奉行所の手配によって全国に配布されている。

賊臣松本良順

慶応三年（一八六七）の十月に第十五代将軍徳川慶喜《よしのぶ》は大政を奉還し、将軍職の辞職を願い出た。翌年一月には幕府軍は鳥羽伏見の戦いに破れ、慶喜は海路をたどって江戸へ帰った。朝廷は慶喜に対する追討令を発し、討幕軍は江戸へ進撃した。そして討幕軍が江戸への入城を果たしたのは慶応四年三月十三日であった。

これより早く、慶応三年十二月九日に朝廷は王政の復古を宣言し、新政府の樹立を世界各国に通告するとともに、幕府に代わって政治を司るために太政官をおき七科を設置した。

江戸が東京とされたのは慶応四年（一八六八）七月十七日、そして慶応が明治に改元され、一世一元の制度が定められたのは慶応四年九月八日のことであった。当然のこととして、江戸に置かれていた昌平黌《しょうへいこう》、開成所、医学所を含む幕府の諸施設は新政府によって接収された。開成所は以前の洋書調所であり、洋学教授を行っていた幕府直轄の学校であったが、接収後に開成学校と改名された。開成学校は本郷の湯島にあり、新政府の教育行政の中心として大学（後の文部省）と改名された昌平黌の南に位置していたことから大学南校とよばれ、後に東京大学への改組とともにその理・法・文系学部となった。

医学所は、もともとはシーボルトの門下で蘭方を学び、幕府侍医となった伊藤玄朴《げんぼく》らによるお玉ヶ池の「種痘所」が下谷和泉橋通りに移され、医学に関する幕府直轄の学校として運営されていたものであった。明治政府に接収後は、戦病者を収容治療するための病院として機能させるために隣接する旧藤堂家の座敷に移し、「東京大病院」となった。取締（院長）には医学所取締となっていた薩摩藩医前田信輔、副取締には同じく石神良策が就任した。

その後、医学取調御用掛に任ぜられた相良知安と岩佐純の主張により、病院は本来医学校の付属であるべきであり、学校を病院に付属させるのは本末転倒であるとの見解が政府の認めるところとなって、大病院は医学校兼大病院となった。医学校はさらに大学の東に位置したことから大学東校《とうこう》とよばれ、東京医学校と改名された後、何回かの変遷をへて現在の東京大学医学部となった。本郷の加賀藩邸跡地に移ったのは明治七年（一八七四）十二月のことである。

明治のはじめ、わが国で蘭方医の大家として知られていたのは、東では佐倉順天堂の創立者佐藤泰然と、その次男の松本良順、養子佐藤尚中（山口舜海）であり、西では緒方洪庵であった。

佐藤泰然は元の名を田辺庄右衛門といい、文化元年（一八〇四）に江戸に生まれ、幕府の小吏であった。松本良甫、高野長英などとの交友を通じて医学を学び、特に長英から親しく蘭学の指導を受けた。その後一念発起して幕府吏員の職を捨て、長崎におもむき、オランダ商館長ニーマンに蘭学を学び医学を勉強した。三十四歳の時に江戸に戻り両国で外科医として開業した。門弟に林洞海《どうかい》、三宅艮斎《ごんさい》、山口舜海らがいる。天保十四年（一八四三）に佐倉藩侯の招きで佐倉に移り順天堂を設立した。

緒方洪庵は備中足守藩士佐伯惟因《これより》の末男として文化七年（一八一〇）に生まれた。苦労をしながら蘭学を学び、二十二歳の時に江戸へ出て坪井信道さらにはその師宇田川玄真の門に入った。その後長崎でさらに蘭学に研鑽を重ね、名を緒方洪庵と改めて大坂で開業し、蘭学塾を開いた。しかし泰然と洪庵はすでに老大家であり、しかも洪庵の適塾は医学の実習を行わず、むしろオランダ語に関する語学校としてのおもむきをもっていた。

佐藤尚中は文政十年（一八二七）に佐倉で生まれ、旧姓を山口、通称舜海といった。佐藤泰然に蘭方の外科を学んだ後、長崎伝習所に出向して三年間オランダ人教師ポンぺについて医学を学んだ。佐倉に戻って泰然の養子となり、そのあとを継いだ。藩医となり、医政にもかかわったが、幕府からの再三の迎えについてはこれを固辞してついに受けなかった。

一方、泰然の次男として生まれた良順は十八歳の時に幕府の医官松本良甫の養子となり、坪井信道、林洞海らに蘭語を学んだ。その後幕命によって長崎海軍伝習所においてポンぺに学び、養生所頭取までをつとめた。松本良順の自伝『蘭疇自伝』にはその時の様子が、もともと幕医は蘭方を禁じられていたが、時の老中堀田備中守の知恵で、医者としてでなく海軍伝習生として長崎へ行くという名目で江戸を出て、向こうへ着いたら何を学んでもよかろうということで漢方医たちの反対を押し切って江戸を出発したというように記されている。江戸に帰ってからは将軍家茂の侍医となり、また幕府医学所の頭取となった。しかし、間もなく起きた政変では幕臣として戊辰《ぼしん》戦争に参加し、東北にまで転戦した。会津若松城が落城して幕府が瓦解した時は仙台にいたが、榎本武揚《たけあき》の忠告に従ってオランダ商人スネルの汽船ホルカン号に便乗し、横浜に逃れてスネルの商館に潜伏した。そのころ、横浜にはすでに隠居をしていた実父泰然もいた。良順はしばらくはスネルの商館にいたが、間もなく自首して逮捕された。いまや、幕臣はすべて天皇の命令にそむいた賊臣であった。しかし良順の才能と実力を惜しむ声は新政府の中でも高く、彼は禁固一年の刑に服したのち、明治二年（一八六九）の十二月に釈放されて、翌明治三年には早稲田に私立の洋式病院を建設した。その資金や設備、薬品等については在日中の外国商人たちが快く援助の手を差しのべてくれたと良順は自伝の中で述べている。病院は繁盛した。しかし松本良順はその翌年には時の陸軍大臣山県有朋《やまがたありとも》に兵部《ひょうぶ》省への参加を要請され、明治四年（一八七一）には設置されたばかりの軍医寮の頭に就任する。そして、明治六年（一八七三）に兵部省の陸海両省への分離にともなって軍医寮が廃止となり、陸軍軍医部が新設されると、良順はその初代軍医総監になった。この時、一等軍医として兵部省入りをし、松本良順の部下となった人物に後の陸軍軍医総監石黒忠悳《ただのり》がいる。

一方、公職を固辞し続けていた佐藤尚中もついには新政府に呼び出され、大学東校の校長、大博士に任命された。はじめ東京大病院の院長に任命された前田信輔以下、薩摩藩医たちの大半は西洋医学の実力が十分でなく、ウィリスに従って東北戦線を転戦し、傷病兵の治療に当たった石神良策だけがかろうじてその任に足りるという有様であった。そこで政府は急遽オランダ留学から帰国した緒方洪庵の嫡子惟準《これよし》を典薬寮《てんやくりよう》医師兼大病院取締(院長)に任命し、大病院の立て直しを図ったが、惟準は数ヵ月で辞任し、大阪へ帰ってしまった。急遽、石神が院長の職を継いだ。しかし相変わらず薩摩藩医中心の医師団では新時代の医療を期待して殺到する患者を満足に治療することができない。そこでついに、大病院は院長にイギリス人医師ウィリアム・ウィリスを招くことを計画し、運動した。

しかし、政府がドイツ医学の導入を決定すると、ウィリスは鹿児島に去り、大病院は大学東校に改組された。佐藤尚中が佐倉から呼び出されて東校の校長、大博士に任命されたのはこのような事情のためであった。尚中の招致に当たって、かつて門下生であった相良、岩佐の二人と、それに石黒忠悳が尽力したのはもちろんのことである。

結局、新政府がその実力を認め、頼ったのは、旧幕臣としてポンペに学び、系統的かつ実質的なオランダ医学を修めていた佐藤尚中や松本良順であったということになる。

ところで、一般に知られる歴史的知識の範囲では、徳川幕府によって支配された三〇〇年近い江戸時代は外国に対して扉を閉ざした「鎖国」の時代であり、薩長両藩を中心とした倒幕運動によって樹立された明治維新政府がはじめてその扉を開き、日本の近代化への歩みが踏み出されたと私たちは学んだ。その「鎖国」政策の中から、しかも幕府の膝元においてどうして佐藤尚中や、いったんは賊臣として刑に服しながらも新政府に重用された松本良順のような優れた人材が育てられ、新しい時代の新しい医学を先導する役割を背負って活躍することになったのかは興味ある問題である。

近代化学をもたらしたハラタマ

ポンペの長崎医学伝習所は、わが国ではじめての系統的な医学教育を実施して多くの人材を育てた。ポンペは臨床医学の実習と治療の成果をあげるために附属病院の設立を幕府に建言し、反対にあいながらも松本良順の尽力によって文久元年（一八六一）に実現した。これはわが国における公立病院のはじめであり、また組織的医学教育のはじめでもあった。病院は長崎養生所とよばれた。伝習所（医学所）も大村町から西小島の病院隣接地に移った。ポンペの教えを受けた者は一三三名にのぼり、それぞれに活躍した。相良知安、岩佐純もその中にいた。

またポンペは、実用に即した医薬品の特性についての講義内容をまとめて出島のオランダ商館印刷所から『薬学指南』を出版した（安政六年〈一八五九〉）。ポンペの薬性論はまた司馬凌海によって『七新薬』『朋百氏薬論《ポンペ》』として翻訳著述されている。七新薬とは、ヨード、硝酸銀、酒石酸カリウム、硫酸キニーネ、サントニン、モルヒネ、肝油のことで、当時の最先端の治療薬である。外科手術時の麻酔薬としてのクロロホルムとともに、ポンペはこれらの薬物をしきりに使用した。

ポンペは、しかし、惜しまれつつも文久二年（一八六二）に滞日五年間の大きな功績を残して帰国した。そして、その年の秋にポンペの後任としてボードウィンが長崎に着任し、さっそく講義を開始した。彼が正規の医科大学で医学教育を受けており、軍医学校で教官を務めた経歴をもつことについてはすでに述べたとおりである。彼は外科、特に眼科手術に優れており、当時まだ最新機器であったヘルムホルツ検眼鏡を本国から持参して、トラコーマ、斜視、眼瞼《がんけん》成形など高度な眼科治療を行い、また学生を指導した。ボードウィンは手術に当たってクロロホルム、硝酸銀、アトロピン、カラバル豆エキスなどを巧みに使用したという。

慶応元年（一八六五）に、長崎養生所は精得館《せいとくかん》と名を改めた。ボードウィンはポンペ以来の学生を含め、緒方洪庵の嫡子である洪哉《こうや》（惟準《これよし》）や大槻玄俊《げんしゅん》など一〇〇〇人を超える医師を教育した。しかし、ボードウィンは、ポンペと同様に、日本の医師たちが基礎学力を身につけていないことが近代医学の習得に大きなマイナスとなることを痛切に感じ、またそうした学科、たとえば化学や物理学を医学とは別にその分野の専門の教官によって教授する必要があると考えた。そこで彼は医学校と併設して分析究理所を開設することと、教官としてその分野の専門家であるコンラード・ウォルター・ハラタマをオランダから招聘することを幕府に進言した。

ハラタマは一八三一年、オランダのアッセンで生まれ、ユトレヒト大学で一八六四年に自然科学の博士号を、そして一八六六年には医学博士の称号を取得した陸軍薬剤官であった。来日して長崎の究理所に着任したのは慶応二年（一八六六）である。しかし、幕府は、長崎があまりにも遠隔の地であるとの理由をもってこの施設を江戸に移すことを計画し、ハラタマは来日の翌年には江戸開成所に転勤となった。

折しも、その年は幕府瓦解の前年である。風雲急を告げるなかで、江戸はすでに新しい学校を開設して勉学にはげむ場所ではなくなっていた。そこで、開成所の化学、物理学の教育施設は再度大坂に移されることになって大坂城追手前に新大学が設営された。これが後の大阪舎密《せいみ》局である。舎密とはケ（へ）ミーすなわち化学のことである。ハラタマが持ちこんだ総数四〇〇箱をこえたという機器、薬品類は長崎から江戸、大坂と転送されて、ようやく大坂の地で梱包を解かれることになった。内容は、天秤《てんびん》一〇種二八台、試験管一七八〇本、磁製ルツボ八〇〇個、白金ルツボ一五個、蓄電池各種約六〇個、顕微鏡一〇台などの他に機器類九五〇品目、試薬類約一五〇〇壜《びん》に及んでいたと伝えられる（奥野久輝『江戸の化学』）。

維新後、ハラタマの究理所は明治政府に引き継がれて大阪舎密局となり、明治二年（一八六九）には二階建洋館が落成して開講式が行われた。ハラタマは開講の辞の中で、物理学、化学の二学はようやく文明開化に及ぶ人民にあっては不可欠の学術である、と説いた。

長崎から大阪までを通じてハラタマの門下生には、松本良順の長男銈太郎、二十七歳で夭折した天才三崎嘯輔《しょうすけ》、長井長義《ながよし》、高峰譲吉らがいる。松本銈太郎は後に長井長義とともにベルリン大学のアウグスト・ホフマン教授のもとに留学して有機化学を学び、帰国して薬学の進展に力を尽くすことを夢みたが、夢半ばにして病を得て帰国し、惜しまれつつも明治十二年（一八七九）に二十八歳の短い生涯を終えている。長井は帰国した後に東京大学の薬学教授となり、日本薬学会の初代会頭として活躍することになる。また高峰は渡米し、アドレナリンの発見、タカジアスターゼの発明などで活躍する（芝哲夫『オランダ人の見た幕末・明治の日本―化学者ハラタマ書簡集―』）。

ボードウィンの医学校計画

一方、養生所から改組された精得館に残って医学を教えていたボードウィンは、慶応二年（一八六六）には任期を終えて帰国することになったが、江戸に新しく医学校を開設することを幕府に進言して約定書を取り交わすことに成功し、その開設の準備をかねて慶応三年（一八六七）にいったんオランダに帰国した。

ボードウィンによって幕府に提案された江戸（東京）医学校の開設は、わが国にとっては、近代医学への第一歩を踏み出す礎《いしずえ》ともいうべき大事業となるはずであった。この計画にはオランダ政府も乗り気で、その計画に先駆けてまず慶応二年に横浜に二階建一七室からなるオランダ海軍病院を設立し、オランダ人だけでなく日本人の診療も受けつけたい旨の伺いを幕府老中あてに提出していた。しかし、この病院は慶応四年の末（明治元年）に原因不明の火災にあって焼失してしまった。荒俣宏氏は、オランダの突出はイギリス、フランスなどを大いに刺激しており、この火災も当時の情勢から考えると放火の疑いがかなり強いと述べている（『開化異国助っ人奮戦記』）。

一方、慶応三年にいったん帰国したボードウィンは、自らが計画した江戸での医学校開設のための準備を整え、慶応四年（明治元年）に勇躍日本に戻ってきた。しかし、定約を結んだはずの相手の幕府はすでに瓦解して政権は新政府の手に移っており、ボードウィンが持ち帰った機器や医薬品だけは半ば強制的に明治政府によって買い上げられ、東京大病院の院長にはウィリスが就任していて、ボードウィンと幕府との間に交された約定を顧みる者はいない。ボードウィンは仕方なく大阪にいたハラタマの許に身を寄せ、明治二年に新政府によって大阪大福寺に設置された仮病院で働くことになった。この病院の院長は洪庵の嫡子緒方惟準であった。

長州の出身で適塾に学び、またシーボルトにも学んだ蘭方医でありながら、後に兵学に転じ、戊辰戦争においては新政府軍務官、兵部大輔となって軍政のすべてを取り仕切った大村益次郎が京都木屋町で攘夷派の浪士に襲撃された時、京都から舟で大坂に運ばれた大村に巧妙な外科的治療をほどこし、右大腿部の切断によって彼の一命を救ったのはその時代のボードウィンであった。大村は、結局はその時の負傷が原因となって敗血症によって死亡したが、もともと長州藩の医師にはポンペやボードウィンの門下にあってオランダ医学を学んだ者が多く、大村をはじめボードウィンを信頼する支持者は多かった。

しかし、間もなくボードウィンはオランダに帰国しなければならない。明治三年（一八七〇）には上京して、乗船までのしばらくの間を横浜に滞在した。

ボードウィンの大きな貢献

ウィリスを退任させ、ドイツ人教師の着任を待ちわびていた明治政府に口説かれてボードウィンが大学東校の臨時教師になったのは、その時の話である。ボードウィンは正規の医科大学を卒業し、外科手術、とくに眼科領域において優れた臨床医であると同時に、ユトレヒト軍医学校では生理学教授を務めた学者でもある。長崎医学校時代に教えた日本人医師に基礎学の知識が不足していることをよく知っていた彼は、大学東校においても基礎から臨床にまでわたってじつに理路整然とした内容をもって医学教育を行ったと伝えられる。

石黒忠悳の自伝『懐旧九十年』には次のような記述がある。

ボードウィンはかつて門人であった相良、岩佐が懸命に頼んだのにもかかわらずなかなか学校での講義を引受けようとしなかった。心中は、以前からオランダを頼りとし、ポンペ、ボードウィンなどのように献身的努力をしてきた者たちをないがしろにし、ドイツ人が来るまでだけの間に合わせに講義をしろとは日本人も虫が好過ぎると憤《いきどお》っていたらしい。そこを、相良は三拝九拝してやっとボードウィンに承知して貰ったのだが、結果的には学者にも学生にも彼の講義はすこぶる好評であった。

また、ある日のこと、学校と病院を新築する計画が相良知安を責任者として進められることになり、石黒忠悳はその下にあって具体案を策定することになった。そこで石黒は現在の上野公園全山を敷地とする計画を立てて図面を作り、ボードウィンと司馬凌海と連れ立って上野に行った。するとボードウィンは一見してこのような貴重な土地に学校や病院を建設するとはとんでもない間違いであると指摘し、都会における公園の大切さを説いた。

ボードウィンは他日上野が東京一の公園になるだろうと高く評価し、自らオランダ公使にも働きかけて上野全山を公園として残すことを建言した。結局、政府は上野を大学東校建設地とする案を取消し、改めて本郷の加賀藩邸跡地、現在の東京大学本郷キャンパスを大学敷地として交付することになったという。

ボードウィンの大学東校での講義期間は約二ヵ月で終わっている。しかし、ボードウィンの日本の医学近代化への貢献は著しく大きい。

贋薬だった洋薬キニーネ

日本における薬学の誕生

近代医学を支える薬学の存在

ドイツ人教師の着任

ドイツからの外科医レオポルド・ミュルレル陸軍一等軍医正と内科医テオドール・ホフマン海軍一等軍医が日本に着いたのは明治四年（一八七一）であった。わが国に文部省が設置されたのもこの年のことである。

彼らの着任によって、明治五年（一八七二）にはドイツ流の医学教育システムを取り入れた医学校が正式に発足して、ここにわが国の医学教育はこの二人のドイツ陸海軍の軍医によってまったく新しい時代を迎えることになった。

着任の日、二人はそれぞれに陸海軍軍医の正装に身を固め、勲章を胸に着用して大学に現れた。大学職員もまた直垂《ひたたれ》あるいは裃《かみしも》の正装で二人を迎えた。ミュルレルはわずかに英語を話したが、ホフマンはまったく英語を話さない。また、日本側職員にも学生にも、わずかなオランダ語、英語の知識をもつ者しかいない。当時、ただ一人ドイツ語を理解し、話すことができたのは語学の天才といわれ当時大学少博士であった司馬《しば》凌海《しゅんかい》だけであったので、授業は司馬の通訳によってようやく始められたという。しかし、天才肌の司馬はホフマンとはウマが合ったがミュルレルとはうまくいかなかったという。そこで、それまでは英語しか話せなかった三宅秀《ひいず》が速成でドイツ語を勉強し、ミュルレルの講義の通訳に当たった。すでに五十歳を過ぎていたミュルレルは気難しく、日本人と馴染もうとしなかったが、すでに十七歳の時に幕末外交使節団の一員としてヨーロッパを見聞し、語学の才能に優れた秀はすぐにミュルレルの信用を得たらしい。ちなみに、嘉永元年（一八四八）に江戸本所で蘭方外科医三宅艮斎《ごんさい》の長男として生まれた秀（幼名復一）は高嶋秋帆《しゅうはん》の塾で英語、物理、化学を、また横浜でウェッダーに医学を学んだ。東京大学医学部教授、学部長を務め、また貴族院議員に就任して活躍した。幕末使節団については鈴木明『維新前夜スフィンクスと三四人のサムライ』、また三宅秀については三浦義彰『医学者たちの一五〇年』がある。

二人のドイツ人教師は、まずそれまでの大学東校の規則を抜本的に改正し、ドイツの軍医学校にならった厳格な制度を整えることにした。そのためには、予科三年の教育を充実し、まずは医学習得のために必要な基礎科目を整理する必要があった。その上で本科五年の医学教育を行うことを彼らは提案した。その後、教育年限は予科は二年、本科は三年に、そして十四歳から十九歳までの入学年齢が定められた。

日本の医学教育に対してミュルレルが抱いた第一印象はその不統一性であったらしい。「医学生は三〇〇人余りも在学していてその数は多いが、年齢も学力もまちまちでまとまりがない。学校にも病院にも設備がほとんどなく、不衛生であり、教育内容にはオランダ流とイギリス流が混在して教育方針にも理念がない」と彼は述べている。

ミュルレルは着任するとすぐに医学校を一時閉鎖して学生全員を退学させた。そして明治四年（一八七一）十二月に改めて学力試験を行い、五九名の入学を許可した。本科への編入を許されたのはその中の約半数であったという。はじめのうち、講義は通訳つきで行われたが、本科生には徹底したドイツ語だけの、しかも速成をさけた基礎教育からの授業が行われたために、脱落者も少なくなかったらしい。

その間に学校の教場も改修され、学生たちが床に座って講義を聞く方式は改められて、新しい教室には机と腰掛が並べられた。障子やふすまも取り払われ、輸入されたガラス戸の窓がつけられた。

根本曾代子氏は『日本の薬学――東京大学薬学部前史――』の中で、「ミュルレルの権限は医学校教授陣の首位に立ち、階級は文部卿の下にあって、月給はメキシコ洋銀で六〇〇枚であった」と述べている。メキシコ洋銀は当時貿易通貨として通用していた貨幣で、一枚が邦貨一円に相当した。この月給は当時の文部卿より高額であり、右大臣岩倉具視《ともみ》と同額であったという。

当時の明治政府は一刻も早くわが国の文明を開化し、西欧先進諸国のレベルに近づけようとして躍起になっていた。政府の政策はそれまでに伝えられたわが国の伝統文化をできるだけ厳しく否定し、国民の視点を変えようとしていた。男たちの頭に結われていたちょん髷《まげ》は半ば強制的に切り落とされ、それまでは公然と行われていた庭先などでの女性の行水、公衆浴場での男女の混浴、人前での男たちの裸体姿なども禁止され、取り締りの対象となった。入れ墨や春画《しゅんが》も外国人の眼に触れないように取り締られた。

ミュルレルとホフマンに支払われた高額の給与も、一刻も早く外国に追いつこうとする政府の意気込みの現れであった。しかし程なく、任期三年を終えた二人は明治七年（一八七四）には帰国の途に着くことになる。ちなみに帰国後、ミュルレルは明治二十六年（一八九三）にベルリンで没したという。享年六十九歳であった。明治二十八年（一八九五）十月十三日にミュルレルの功績を記念するために現在の東京大学薬学部の敷地に胸像が建造されたことについては前述した。ホフマンのその後の消息についてはわからない。

ミュルレルによる薬学のすすめ

ところで、ドイツ近代医学をわが国に導入するに当たって、ミュルレルは大変に重要なことを建議した。それはまず医師に対してたんなる実用のための技術だけでなく、自然科学の一環としての医学を教育することであり、第二に、自然科学として修得した医学を治療に応用し、臨床の場に生かす方法を教育するといういかにもドイツ的な理念の実践であった。実際に、ミュルレルは学生に対して徹底的に基礎学力をつけさせるための授業を行った。また、彼はそのために語学と数学、化学、物理学を教授する予科教授三名と、本科における解剖学、薬学の教授の増員を政府に要求した。

とくに薬学について、ミュルレルは「薬学は医学とは独立した科学であり、医師、医学者が立入る領域ではない。日本に伝わる古来の医療慣習は直ちに正さなければならない」と主張した。彼は漢方医たちによって伝えられてきた医薬兼業による日本の医療慣習をはっきりと批判し、近代医学を振興する前提としての薬学の必要性と、医師とともに医療に従事すべき薬剤師の役割とを明確に指摘したはじめての外国人医学教師となった。

しかし、当時、政府の要人の中には、解剖学はともかくとして、医学振興のために薬学教授が必要であるという主張を理解する人は一人もいなかった。明治政府の医療行政を担当する人たちは、当時とすれば先進的な思想をもつ優秀な医学者たちであった。しかし、彼らといえどもその多くはまず漢方医学を身につけ、その後にオランダ医学を習得した蘭方医であった。当然のこととして、薬学という科学の実態はおろかこの存在をすら彼らはまったく理解していない。当時の多くの蘭方医たちは、ポンペもボードウィンもまたウィリスも言ったように、言葉の上での医学知識は高度であったとしても、治療技術、とくに外科的な手技においては実用の役に立たず、新しい医薬品の取扱いについてはほとんど知識を持っていなかった。

たまたま、明治六年（一八七三）の六月に、罷免された相良知安《さがらともやす》に替って二代目の文部省医務局長に就任したのは長与専斎《ながよせんさい》であった。彼は岩倉具視を全権大使とする欧米視察の一員として先進各国を二年間にわたって歴訪し、その年の三月に帰国したばかりであった。さすがの専斎もはじめのうちこそは横浜を発って最初の泊地であったサンフランシスコのホテルで「いきなり一坪ばかりの小室に閉じ込められ、不思議と思うほどもなく号鈴と共に室は徐々に上昇し、一行は荷物ともども推し上げられて数秒の間に三階に着いた」と〝エレヴェートル〟(エレベーター)なる昇降装置に驚いたりしていた。しかし、ワシントンにおいて大使一行と別れ、出発から五ヵ月ほどをへて単身ドイツのベルリンに着き、ここに居を構えてからは彼の医学教育、医療制度についての調査は大いに進んだ。この地には池田謙斎、松本銈太郎、長井長義などの旧友も多く留学していたし、新しく交友を結んだ人も少なからずいて、有益な意見を聞くこともできた。

彼もまた肥前大村藩の藩医の家に生まれ、大坂に出て緒方洪庵の塾で蘭学を学んだのち、長崎においてポンペ、ボードウィンについて医学を修得した、いわば蘭方医の一人であった。しかし、専斎には、明治元年(一八六八)に長崎医学校(精得館)の学頭となり、ボードウィンの後に迎えたC・G・ファン・マンスフェルト教頭と協議して医学教育の改革に手腕を発揮した前歴がある。

マンスフェルトが専斎に告げた意見は、専斎の自伝『松香私志』に大略次のように紹介されている。「学校の体裁を一新するためにはまず学制を根底から革新して基礎を定めなければいけない。教育上最も緊要なことは学科の順序を逐《お》うことである。医学にとっては理化、解剖、生理、病理と順次に連絡しなければいけない。解剖を知らなければ生理はわからず、生理を理解しなければ病理を明らかにすることはできない。これらがわからずに治療に手を下すことはできない。日本の医学生は理化学はおろか算数のことさえ心得た者が少ないので、彼らに医学を教えてもそれはほとんど無益である……」。

専斎は直ちにマンスフェルトの意見を了解し、折しも長崎県判事（知事輔佐）に就任した井上馨《かおる》の援助を得て、医学の基礎を教育する予科教授としてユトレヒト軍医学校の理化学担当の教官であったアントン・J・C・ゲールツを長崎に招くことに成功した。

ミュルレルの主張を受け止めた文部省医務局長長与専斎の対応は早かった。彼は明治六年（一八七三）六月のうちに文部省に伺書を提出し、七月には認可を得て、九月には早くも大学東校に予科二年本科三年の製薬学科を開校することになった。ちなみに、大学東校はこのころには第一大学区医学校と改称され、後に東京医学校となり、現在の東京大学医学部につながっている。

薬学教育の始まり

長与専斎の提出した伺書には、薬学の目的として、「薬石の製煉、真贋《しんがん》の鑑別、輸出入の方法より毒殺の裁判に至る皆これに関係せざるはない。故に文明諸国では殊《こと》にこれが重んぜられている。わが国は寒暖が適度であり、土壌が沃饒《よくじょう》であって動植物に恵まれ、鉱物も豊富である。しかしわが国民は従来物理に暗く、これらを製煉して医薬に供することを知らない。……輸入の医薬についても徒《いたず》らに洋商の奸計《かんけい》に陥り、贋造《がんぞう》品を販売して誰もこれに気がつかない。今直ぐにでも方策を講じなければ一億国民の生命を危険にし、国を危うくしてしまう……」というようなことが記述されている。

かくして、第一大学区医学校製薬学科は、明治六年（一八七三）九月一日の開校を予定し、定員二〇名の学生募集を開始した。予科二年間の授業科目はラテン語、ドイツ語、数学、物理学、化学であり、本科三年では薬方学、製薬学、器械用法、実用化学、薬物分析学などの学習が課せられることになっていた。

はじめに何名が入学したかは不明であるが、明治十一年（一八七八）に第一回生として卒業した学生は九名であった。そのうち、下山順一郎、丹羽《にわ》藤吉郎、高橋三郎、高橋増次郎、三村徳三郎、永淵嘉博の六名は開成学校ドイツ語科に在学中であったが、学制の変更によって法、理、工の三科はフランス、諸芸はイギリス方式に、そしてドイツ語科は鉱山学科と決まったため、彼らは鉱山学を好まず、ドイツ語によって新しい分野の理化学を習得することができる可能性を望んで製薬学科に転科編入した。また丹波敬三、吉田学、小山哉の三名は、大学東校医学科からの転入生であった。

製薬学科は、東京の神田和泉町にあった旧藤堂和泉守の屋敷を改造した第一大学区医学校（大学東校）に付設され、さっそく授業が開始された。しかし、ドイツ語、ラテン語、数学、博物学、理化学の講義だけで、実習は行われなかった。

製薬学科の学生達は、薬学専任の教授もおらず、薬学実習もないという状況下での授業に失望し、時の校長相良知安に満足のいく製薬学実習の早期実現を要求した。しかし、政府には予算がない。

ミュルレルからの要請によって明治五年（一八七二）に急遽ドイツから来日した薬学教師のニューウェルトは当時まだ二十六歳で、薬剤師の資格は持っていたが学位を持たなかったため、直接、教官として教育を担当することはできず、もっぱら病院における薬局の設営に従事することになった。従来、わが国には薬剤師という職能は存在せず、病院における薬局の機能もなかったため、医師たちにまかされた医薬品の使用状況は混乱を極めていた。ニューウェルトはわが国ではじめて薬局の組織をつくり、医薬品の取扱い、真偽の鑑定、管理、処方調剤の実際などについて助手たちの指導に努めた。

はじめて接するヨーロッパからの近代医薬品を間違いなく使いこなしていくためには薬局の整備充実は必須かつ緊急のことではあったが、政府にはニューウェルトの他にさらに薬学専任の教授を招聘する予算的余地がなかった。

明治七年（一八七四）の五月に相良知安は失脚し、医学校校長の職も追われた。代わって、医務局長であった長与専斎が学校長を兼務することになった。長与には、医務局長としてミュルレル、ホフマンの意見を受け容れ、製薬学科を創立させた責任があったし、自らの眼で西欧諸国の医学教育の実情を視察したことによって培った見識と、日本の医学近代化への情熱があった。

初代教授になった柴田承桂

専斎は、たまたまその年にドイツ留学から帰国した柴田承桂《しょうけい》に製薬学科教授への就任を要請した。

柴田承桂という人は嘉永二年（一八四九）五月十二日、尾張藩に仕える蘭方外科医永坂周二の次男として誕生した。柴田姓となったのは父親の藩医仲間であった柴田龍渓の養子となったためである。柴田は類まれな語学の才能の持ち主であった。その俊才ぶりは早くから尾張藩にあって嘱目されていた。そのころ、新政府は明治維新が成立すると同時に、自らの新しい力を蓄えるべく全国から優秀な人材を集めて大学に入学させ、指導者として役立たせるための教育を施す方針を実行し始めていた。藩校明倫館に学んで学才を認められた柴田が、貢進生として東京の大学南校に入学したのは明治三年（一八七〇）二十一歳の秋であった。のちに製薬学科の学生となる下山順一郎や丹羽藤吉郎もその中にいた。そして柴田は、早くもその年の十二月には政府からの第一次留学生に選ばれ、ベルリン大学で化学を修得するためにドイツに派遣されることになった。

柴田は横浜港を船で出発して香港に行き、そこで太平洋航路の船に乗り換えてアメリカに渡ったのち、さらに大西洋を横断してヨーロッパに着いた。ドイツのベルリンに到着したのは明治四年（一八七一）の二月であった。

留学生たちは気負って横浜で背広や靴を新調し、船を待つ間に着こなしの練習をしたりした。しかし、香港に着いたところですでに彼らの奇妙ないでたちは周囲から笑われ、作り直さなければならない有様であったというエピソードを残している。

当時大学南校に在学中であった十八歳の下山順一郎と十五歳の丹羽藤吉郎が、学制改革のために中学相当のドイツ語科に編入されたということについては、前に述べたとおりであるが、すでに二十二歳に達していたために南校に残され、間もなくドイツへの留学を命ぜられた柴田が留学から帰国して製薬学科の教授になってみると、かつての南校の同級生は第一回生として製薬学科に在学中であった。その時、柴田は二十五歳、下山は二十二歳、丹羽が十九歳で、丹波《たんば》敬三は二十一歳であった。彼ら三名はその後揃って柴田の後を継ぎ、製薬学科の教授となるが、年齢の差はごく近かったにもかかわらず柴田は持てる学力を十分に発揮し、学生に対する指導は懇切をきわめたので、柴田に対する彼らの畏敬の念は生涯を通じて変わらなかったという。

柴田はベルリン大学に入学するとすぐに化学科のホフマン教授の研究室に入り、ヤラッパ根成分の研究に従事したが、その後ミュンヘン大学に赴き、ペッテンコーヘル教授から衛生学の講義を聴いた。文部省から派遣され、ヨーロッパの衛生事情を視察の途上、ベルリンで柴田に会い、日本における衛生学の必要性を説いた長与専斎の説得が彼の心を動かしたとも伝えられる。

明治七年（一八七四）に帰国するとすぐに、柴田はかつての大学南校、開成学校鉱山学科の教授に任命された。しかし、当時世界の最高峰のベルリン大学で化学を学び、またこれもその分野では世界的泰斗であったペッテンコーヘルから親しく衛生学の講義を聴いた柴田にとって、鉱山学の研究は本意にそぐわない。内心悶々として楽しくないところに、願ってもない長与からの要請であった。

柴田承桂は初代の製薬学科教授に就任すると、直ちに自らが学んできたドイツの大学の学制を参考にしながら、近代薬学の進むべき方向に沿った教育方針を探し求めた。柴田は、まず日本橋馬喰町に開設され、その後医学校内に移ってきた司薬場（のちの国立衛生試験場）を便宜的に学生たちの製薬学の実習に利用する手段をとった。わずかな予算の中で、実習の場を求めていた学生たちの不満を解消し、医薬品の試験や化学実験を直接体験させるためにはこの方法しかなかった。幸い、当時の司薬場は長与専斎を長とする文部省医務局の管轄下にあり、場長永松東機《とうき》の同意を得ることは難しくなかった。

贋薬の横行と取り締り

司薬場の設置

新しい医学を採用し、新しい医療体制を実施していくについては、当然のことながら新しい医薬品の利用が必要となる。その需要に応じるためには、新しい医薬品の供給体制の確立を急がなければならない。必要なのは輸入と生産であり、そのためには輸入されてくる医薬品の品質、真贋《しんがん》を検査したり、新しい医薬品を製造したりするための知識と技術の確保が必要となる。

ところで明治六年（一八七三）のころ、長崎の外人居留地にファンデ・ポルというオランダ人貿易商がいた。彼はヨーロッパ医薬の輸入貿易を自ら良心的な態度をもって行うことを誇りとしていたが、ある時、日本の商人から彼の扱うキニーネ（キナの樹皮からつくるアルカロイド。解熱作用がある）が高価過ぎると文句を言われた。そのころのキニーネについては、一《オンス》につき洋銀七五《セント》が市場の価格だと日本人商人は主張した。しかし、ポルの扱うキニーネは真正品であり、どう考えても当時の価格で一《オンス》当たり二《ドル》以下には下げられない。もしも七五《セント》のキニーネを商うとすれば、それは大量のシンコニンを混ぜた贋《にせ》薬《ぐすり》しかない。ポルは、この状況を放任すれば市場には贋薬が横行し、ひいては日本国民の健康に危険を及ぼすことにもなりかねないと長崎県当局に警告した。

長崎税関の長官はこの警告を重視し、直ちにポルの提出したキニーネを長崎医学校に持ち込んで検査を依頼した。ここにはオランダ陸軍薬剤官アントン・J・C・ゲールツがいた。ゲールツは一八四三年にオランダのオヴテンデークの薬業家の家に生まれ、陸軍の薬剤官となった後、ユトレヒト軍医学校の理化学教官を務めていたところを長与専斎に招かれて来日した人である。

ゲールツからの明治六年一月二十七日付の試験結果の報告書には、ポルの提出した二種のキニーネのうち、一つはロンドン製の硫酸キニーネであって真正品。もう一つのパリ製には少量の硫酸キニーネしかはいっておらず、大量の硫酸シンコニンを混合した贋造品《がんぞうひん》であるという結果が記述されていた。シンコニンはキニーネと同じようにキナの樹皮から得られるアルカロイドであるが解熱《げねつ》作用は弱く、価格も安い。

ゲールツはこの結果に加え、これまでに日本に輸入された薬品には贋造品が多い。オランダやドイツではこのような不良品を取り締るために検査官が絶えず薬品検査を実施して監視を行い、違反者を厳重に処罰することができる制度を設けている。日本にもそのような制度はぜひとも必要であるし、要請されれば自分が長崎またはその他の場所において薬品の検査を行い、その任務を実施してもよいという積極的な提言を述べていた。

長崎税関長は直ちにこの試験結果と提言を主管の大蔵省に送った。大蔵省はこの問題は文部省の監督すべき事項であると判断し、文部省に対して至急に対策を検討して欲しい旨の依頼を行った。この情報はそのころヨーロッパを視察中であった長与専斎にもすぐに伝えられ、長与による帰国直後の司薬場開設につながった。

東京に司薬場が設置されたのは明治七年（一八七四）であり、急遽雇い入れたドイツ人ゲオルク・マルチンを外国人指導者として製薬技術や品質試験についての指導がここで行われることになった。

翌明治八年（一八七五）二月には京都司薬場が開設され、長崎から呼び寄せられたゲールツが監督官として着任した。また、その年の三月には大阪司薬場が開設されて、監督官

には オランダ人Ｂ・Ｗ・ドワルスが就任している。しかし京都司薬場は翌九年には閉鎖され、改めて横浜と長崎に新司薬場が設置されて、ゲールツは横浜に転勤し、長崎にはオランダ人技師Ｊ・Ｆ・エイキマンが採用されている。

ちなみに、昭和四十九年（一九七四）は明治七年（一八七四）における司薬場創立から一〇〇年目の年に当たり、その年の五月に国立衛生試験所は記念として、上野谷中の天王寺境内にあったゲールツ顕彰の碑石を世田谷区用賀の現在の試験所敷地内に移した。また、神奈川県薬剤師会は、昭和五十一年（一九七六）の八月三十日に横浜山手の外人墓地に眠るゲールツの墓に、記念のプレートを捧げて彼の功績を顕彰した。

ゲールツは横浜司薬場監督として医薬品試験や温泉分析などについての技術指導を行っただけでなく、広く薬学全般にわたる講義を行い、またわが国に伝わる生薬《しょうやく》類に興味を持ち、その薬効を深く研究して、洋薬の代用となる国産医薬の開発にも努めた。著書としてフランス語による *Les Produ it de la Nature Japonaise et Chinoise* がある。その日本語の表題は、ア・ヱ・セ・ゲールツ著『新撰本草綱目　第一篇鉱物之部』として残されている。また、ゲールツは日本ではじめての『日本薬局方《やつきよくほう》』の起草にも参加し、後に製薬学科教師としてドイツから招聘されたアレクサンドル・ランガルト、東京司薬場監督エイクマン、それに柴田承桂を加えた特選起草委員の一人として稿本づくりに大きな貢献をした。しかし、明治十六年（一八八三）に腸チフスのため、その作業を半ばにして死去した。享年四十歳であった。横浜外人墓地にあるゲールツの墓にはゲールツ夫人として六女を生んだキワ（旧姓山口）が彼とともに眠っている。

「薬剤取調之法」公布

文部省に医務課が設置されたのは明治五年（一八七二）のことであった。初代課長には相良知安《さがらともやす》が就任していたが、医務課は明治六年には医務局に昇格された。局長として、相良に代わって、この年の三月にヨーロッパ視察から帰国したばかりの長与専斎《ながよせんさい》が就任したことについては前述した。

旧幕時代にヨーロッパから輸入される医薬品のほとんどはオランダ政府の薬庫から出荷されたものであって、長崎のオランダ商館を経由して輸入されたし、またそのほとんどは幕府によって統制され、一般に入手して使用することは困難であった。またそれだけに品質等については疑う余地がないという一面をもっていた。しかし、明治政府がドイツ医学の導入を定め、外国との貿易が自由化されると、書籍、織物、器具、食品などとともに医薬品の輸入もにわかにその種類と量を増し、しかもかなり粗悪なものが横行するようになった。

当時の医師はいわゆる洋薬についてはほとんど知識を持たず、また薬舗もその扱いの対象は漢方に使われる草根木皮《そうこんもくひ》ばかりであり、実情としては、外国商人の言いなりに〝東洋向け〟と称する粗悪品をつかまされたりしていた。

その対応策として、政府は、まず医薬品の品質、真贋の鑑定を行い、医薬品を購入しようとする人たちの便宜に備えるために司薬場を設置した。しかし、わが国に諸外国にみられるような取り締りの法律がないことを付け目に、狡猾な外国商人によって輸入される粗悪な医薬品は後を絶たなかった。

たまりかねた政府は、ついに長与専斎に命じて取り締りの法律を策定することを命じた。そこで長与はミュルレルやホフマンに諮《はか》って新しい法律をつくり上げ、明治六年（一八七三）に「薬剤取調之法」を布達した。この取調之法はわが国において薬事に関する制度を定めた最初の法律であっただけでなく、古くから漢方医を主体としてわが国に行われてきた医療上の旧習を否定し、近代的な医療制度の導入に向けて必要と考えられた新しい思想を基本に据えていることによっても注目される。

その内容は二八項目に及ぶが、規制の対象は大きく三つに分けられる。第一は医薬品の取扱い者を政府により許可を得た薬舗に限定したことと、その資格者の教育に関することであり、第二は医薬分業を実施するために医家による薬品の販売を禁止したことであり、第三は医薬品の品質を確保するための検査制度を確立し、薬価を制定しようとしたことであった。

すでに述べたように、当時の医薬品の流通は野放しの状態に近く、とくに洋薬の流通はそのほとんどすべてが外国人商人の手に握られていた。そのような状況の中で、横浜においていち早く洋薬の輸入を行った特異な人物として早矢仕有的《はやしゆうてき》がいる。彼が明治二年（一八六九）に創立した丸屋商店は、イギリスから医薬品を輸入した。早矢仕は若くして医学を志し、蘭学者坪井信道《しんどう》について蘭方医学を学んだ。その後、慶応三年（一八六七）には慶応義塾において福沢諭吉に師事し、またジェームズ・ヘボンにも医学を学んだ。ヘボンは安政六年（一八五九）に宣教師として来日し、横浜で医院を開業した。余談になるが、ヘボンは歌舞伎役者の沢村田之助が脱疽《だっそ》になった時に左足切断の手術を行い、アメリカ製の義足を使わせたことや、彼の目薬の処方を門下の岸田吟香《きしだぎんこう》が精錡水《せいきすい》として売りまくったこと、ヘボン式ローマ字を創始したことなどによって有名である。なお、ヘボンの名の英語綴りは Hepburn（ヘップバーン）であるが、当時の人たちはその発音を頼りに彼をヘボンと呼んだ。

早矢仕は志半ばで医師になる希望を捨て、丸い世界を相手に広く商売をすることを夢みて丸屋を創立した。それには福沢諭吉の思想が大きな影響を与えたとされる。名義人を丸屋善八とし、取扱い品は書籍、薬品が主であった。これが後に東京日本橋をはじめ日本全国で洋書を扱うことになった丸善の前身である。

これも余談になるが、以前に毎日新聞の記者として活躍し、アイアコッカやニクソンの著書の翻訳でも知られる徳岡孝夫氏のノンフィクションに『横浜・山手の出来事』がある。明治二十九年（一八九六）に横浜山手の外国人居留地で発生したイーデス・カリュー夫人によるカリュー氏殺害事件の顚末を克明に追跡した記録である。

主人公のカリュー夫人は、亜砒酸《あひさん》カリウムを含む「ファウラー液」の大過剰量によって夫を殺害した罪により、横浜領事館内の在日英国裁判所から死刑の宣告を受けた。その当時、横浜に住む外国人たちは、医師から処方箋を受け取ると市内の外国人薬剤師の経営する薬局に調剤を依頼していた。しかし日本人経営の薬局から購入することもあったらしい。カリュー夫人の裁判記録にしきりに丸屋薬局が登場する。そこにはカリュー夫人が丸屋から何本もの「ファウラー液」を買ったという事実が残されていた。

ちなみに「ファウラー液」というのは、イングランドのヨーク地方の薬剤師であったトマス・ファウラーが、当時、熱病、おこりに薬効ありとして伝承されながらも、創始者も成分も不明であった無色の液剤を分析し、その液が砒素《ひそ》を含んでいることを突き止めてさらに工夫を加え、おこり、間欠熱、周期的頭痛に効くとして発表した処方である。彼は一七六八年にこれを「ファウラー液」として発売し、この処方は広く医師たちの間で用いられるようになった。日本でも用いられ、「日本薬局方」にも第六改正まではホーレル水（ファウラーFowlerのドイツ語読み）として収載されていた。通常は四〜一〇滴程度を服用するが、量を過ごせば危険であり、死をもたらす。

カリュー夫人の裁判の中で、裁判官は、早矢仕有的の七男、早矢仕七郎に「そのような薬の販売について、日本の法律はどうなっていますか。カリュー夫人に売った行為は、薬局の営業規則に違反しないのですか」と質問し、それに対して七郎は「申訳ありません。規則違反でした。カリュー氏が砒素を飲んでいるのを知っていましたし、外人なら外人経営の薬局に行けばいくらでも買えるのですから、つい……」と医薬分業の規定に違反したことを素直に謝っている。その当時の薬局の状況をうかがうことのできる記録である。

医薬品の輸入をいち早く開始したその他の人物としては、鳥居徳兵衛、友田嘉兵衛、武田長兵衛、田辺五兵衛、小林桂助などが知られている。鳥居が経営する植野屋は明治元年

（一八六八）から外国商人を通じて洋薬取引を始めたし、以前は大阪の武田長兵衛商店の長崎洋薬取引所にいた友田は、明治四年（一八七一）に横浜にマルホン友田商店を開設し、明治二十三年（一八九〇）にはアメリカに出張所を設けるほど積極的に洋薬の輸入を行った。

当時輸入された主な医薬品は次のようなものであった。

キニーネ、ヨードカリ、炭酸ソーダ、セメンシーナ、酒石酸、ブロムカリ、モルヒネ、水酸化カリ、サリチル酸、グリセリン、塩化カリ、クロロホルム、サフラン、硝酸ビスマス、ジギタリス、甘汞《かんこう》、昇汞《しょうこう》、エーテル、炭酸アンモニア、硝酸銀、ストリキニーネ、アトロピン、アラビアゴム、水銀、赤燐、炭酸マグネシア、抱水クロラールなど。

「医制」を定めた長与専斎

政府は明治七年（一八七四）八月十八日に七六条からなる「医制」を公布し、文部省はこれをまず東京、京都、大阪の三府において施行すべきことを通達した。目的は医療の近代化の促進であり、そのための基本方針として、第一条から第十一条までに衛生行政機関の確立、第十二条から第二十六条までに医学教育制度の整備と第二十七条から第五十三条までに医師免許制度の確立、そして第五十四条から第七十六条までに薬舗の整備と開業試験及び医薬分業制度の確立を規定した。

その前年に公布された「薬剤取調之法」が、ミュルレルやホフマンの意見を基にしてドイツ医学の遂行を円滑にするための薬事法規としてつくられたことと対比すると、この度の「医制」は医事法規としてつくられたと考えてよい。当時の医療の状況はいまだに混乱のまっただ中にあって、にわかな近代化への抵抗はなお激しく続いていた。明治七年（一八七四）には開業の医師は三万人近くを数えたが、ほとんどは漢方医であって、西洋医は五〇〇〇人しかいなかった。また肝心の西洋医にしても、旧幕府の医学校の流れを汲む者、緒方洪庵塾の流れを汲む者、あるいは古くはシーボルトの鳴滝《なるたき》塾、さらには長崎養生所の流れを汲む者などが入り乱れて互いに蘭方医同士の派閥の勢力を競い合う有様であった。またウィリスの流れを汲む英方医もいた。そこで政府はさらに強力な制度の整備改革を行い、旧来の制度による医師の資格をいったんは剝奪するという強硬手段をとらざるを得ず、その手段の一つとして「医制」の公布に踏切ったのであった。

「医制」では各大学区に医学校を置くことを定め、入学資格者の年齢を十四歳以上十八歳未満と限定した。また、医師は、医学校卒業の証書および内科、外科、眼科、産科等の専門科目につき二年以上の実習の証書を所持し、試験に合格した者のみに免許を与え、開業を許すとされた。これによって、漢方医はついに医療の場から追い出されることになった。

「医制」公布の中心にあってこれを推進した長与専斎は、自伝『松香私志《しょうこうしし》』の中で「開業医師に至りては、漢方家十の八、九に居り、西洋の事物としいえば一概に忌み嫌い、一切の新政に対しては暗に反抗の念をさえ包蔵するものなきにあらざれば、今日に当たり如《い》何《か》に事情を斟酌《しんしゃく》したればとて、欧米に型を取りたる医制の滑らかに行わるべき様なし、むしろ習俗事情に拘わることなく真一文字に文明の制度に則りてこれを定め、まず帰着するところあるを天下に示し、しかして施行の実際の如きは、急がず迫らず多少の余地を与えてその成功を永遠に期することとすべし……」と述べている。

また別のところでは「本邦の医師は中古以来父子師弟相伝承して一家の私業となり、考試の制とてもなかりければ、医制を創定するに当たりまず試験の法を設けてその資格を一定するは、差当りたる急務にして擱《お》くべきにあらざれども、全国三万有余の漢法医（ママ）は、みな深くその家学を崇信し、西洋の事物といえばおしなべて忌み嫌うこと頑固なる宗教信徒の如し」と漢方医に対する批判を述べている。

そういう専斎も生家は代々漢方によって藩に仕える医師の家系であった。

長与専斎の生い立ち

彼は天保九年（一八三八）に大村藩の藩医であった長与家に生まれたが、父中庵《ちゅうあん》を四歳の時に失い、祖父俊達《しゅんたつ》に育てられた。専斎の父中庵は俊達の養子であったが、江戸に送られて幕府の侍医法印多紀楽真院《たきらくしんいん》の門に入り、才能を発揮して塾頭までを務めた人であった。しかし、養父俊達がオランダ医学を志したため、大村に帰国してからは蘭学に転じ、この方面でもその才能を発揮した。

しかし、当時、蘭方は国禁であった切支丹《キリシタン》の妖術であると噂されたため、父子は患者が去って、ついには職を失い、外出の時は一枚の羽織を父子が交替で着用し、またウェーランドの辞書を購入するために伝来の古剣古墨の類を売り払ったこともあったらしいと、専斎は自伝の中で述べている。

父中庵が三十五歳の若さで世を去った後、専斎は九歳の時に家業を継承する相続人として指定され、祖父俊達から厳しいしつけを受けた。また祖父や父が厄運逆境の中にあっていかに刻苦し勉励したか、漢洋二流の医学にどのような差別得失があるかなどを繰返し聞かされた。

専斎は十二歳から藩学の寄宿舎に入って漢学を学んだ。しかし十四歳の時に祖父に呼ばれ、蘭学を学ぶことを諭《さと》されて大坂に旅立つことになる。安政元年（一八五四）のことであった。そして大坂に到着するや、ただちに緒方洪庵の適塾に入門した。

安政五年（一八五八）、塾頭であった福沢諭吉が江戸に去ると、専斎はその跡を継いで塾頭に就任した。しかし、専斎にはオランダ語の読書解文は十分に修めることができたが、医学、医療についてはまだ素人の域を出ないという反省があって心が満たされない。そこで江戸に出て実地の修業をしたい旨を師洪庵に申し出てみると、洪庵は江戸でなく長崎へ行くことを専斎に薦《すす》めた。長崎の伝習所にはポンペがいる。また幕府の医官松本良順がいる。新しい医学を学ぶには伝習所で直接蘭医について学ぶのが最善の途《みち》であると洪庵は説いた。さすがに洪庵ならではの卓見であった。後年、わが国における近代医学の展開を先導することになる長与専斎の先進的医学思想は、長崎においてポンペに学び、またボードウィンやマンスフェルトに接したことによって培われたと言ってよいだろう。彼はたんなる見様見真似の医療でなく、理化、解剖、生理、病理のように基本の学科を修めた後に学ぶべき科学が、医学として真にあるべき姿であるということをそこで捉えることができたのであった。

師洪庵の訓諭を受けた専斎は直ちに長崎に下り、伝習所に入門することになった。しかし、当時、伝習所は幕府直轄の機関であって、諸藩からの伝習生は直接入門することはできない。まずは松本良順の弟子として講義の傍聴を許されるしくみになっていた。専斎はさっそくポンペの講義を聴いたが、さすがの適塾の優等生もこれには歯が立たない。「茫然として酔えるがごとく、ふと周りを見ると、松本良順と司馬凌海《しばりようかい》だけが終始筆記を続けていて内容を理解していたようだったが、その他の人々はただ手を拱《こまね》いているばかりだった」と、彼は自伝の中でその時の様子を告白している。

いったんは大村に帰郷した専斎は、慶応二年（一八六六）になって再び藩命によって長崎に戻る。伝習所は万延元年（一八六〇）には医学所に病院を付属させた長崎養生所となり、慶応元年（一八六五）には精得館と改名していた。また、ポンペもボードウィンも去り、医学教官にはマンスフェルトが就任していた。

当時、世の中は騒然としていて落ち着かない。慶応四年（一八六八）にはついに第十五代将軍徳川慶喜が大政を奉還して徳川幕府は瓦解し、長崎精得館を取り仕切っていた幕府の医官たちは失踪してしまった。そこで、長与は精得館全員の投票の結果、選ばれて館長の事務を扱うことになり、後に新政府によって任命された長崎県知事からも正式に精得館医師頭取（後に学頭）の辞令を受けることになった。さらに精得館は明治元年（一八六八）のうちに長崎医学校と改名され、長与はその初代学校長となった。

自伝の中で長与は、「わが国の医学校で予科、本科の学習課程を設け、学生の資格を正し、学科修得の順序を定めたのはここをもって嚆矢《こうし》とする」と述べ、「一通り医学の全体をうかがい、また医学教育の要領をも会得することができたのは、ひとえにマンスフェルト氏の賜であって、その恩恵は永く肝に銘じて忘れることができない」とマンスフェルトに深い感謝を捧げている。

こうして、長与専斎は明治三年（一八七〇）には大学少博士に任ぜられ、翌年には長崎での実績が認められ、中教授文部少丞《しょうじょう》として東京に呼び出されて、いよいよその実力を中央で発揮することになったのであった。

激怒した長与専斎

医薬分業の出発と挫折

薬舗主から薬剤師へ

薬舗と薬舗主の誕生

「医制」にかけた新政府のもう一つの大きな期待は関連する薬事行政の整備であった。長与局長は近代医学を象徴する形の一つとして、先進諸国で行われている医薬分業制度をわが国にも移入する必要があると考えていた。それは、ミュルレルが「医学の進展には薬学が必要だ」と言ったこととも合致する。いわば医薬分業は本当の意味でわが国に近代医学を展開させるために重要なステップであり、医師一人にすべての裁量を任せるために生じるかもしれない誤投薬や過剰投薬などから患者を守るためにも必要な処置であると考えられた。

「医制」では、第四十一条に「医師たる者は自ら薬をひさぐことを禁ず。医師は処方書を病家に付与し相当の診察料を受くべし」と規定して、それまで医師が薬を売ることによって生計を立てていたわが国の医療の旧習を否定した。これには但し書がつき、二等医師については願いにより薬舗《やくほ》開業の仮免状を授け調薬を許すとされている。

第四十三条はこの件に関する罰則として制定され、「医師ひそかに薬をひさぎ、あるいは薬舗に通じて奸利を謀るものは開業を禁じ、文部省及び地方庁にてその事由を報告すべし」となっている。

一方、薬事に関しては第五十五条に「調薬は薬舗主《やくほしゆ》、薬舗手代《てだい》及び薬舗見習に非《あら》ざれば之《これ》を許さず。但《ただ》し薬舗見習は必ず薬舗主もしくは手代の指図を受けその目前にて調薬すべし」として調剤に当たる者の身分を定め、さらに第五十八条において「薬舗主たる者は従来所就の薬舗主より本人の二年以上薬舗手代を勤めたる状を具《そな》え、医務取締より衛生局に申達し左の試業をへて薬舗開業の免状を受くべし」と規定し、試業（試験）科目として実用化学、薬剤学大意、製薬学、毒物学をあげている。

「医制」は医師の調剤を禁止し、薬舗主が医師の処方に従って行うべきであるという、医薬分業を医療の基本原則としたところに大きな意義があった。また、医師、薬舗主はそれぞれに医学校、製薬学校を卒業し、試験に合格して免許を受けた者に限ることが規定され、たんなる知識や経験の持ち主や家業を継ぐなどの理由は医師、薬舗主の条件から排除されることになった。

「医制」の効果に明治政府は大きな期待を寄せた。当初は東京、京都、大阪の三府への公布にとどまったが、おそらく、一〇年ほどの間にはこの制度は全国的に広められ、実施されていくだろうと考えていた。しかし、一面においては東京と京都と大阪にしか公布されないという半端なかたちと、ドイツを中心とするヨーロッパ諸国における医療制度から理想的な形式のみを抜き出して各条に列記したというような、当時のわが国の状況とはあまりにもかけ離れた内容を含む、きわめて形式主義的な法律のようにも考えられた。

結果的には、医師や薬舗主の免許制にしても、医薬分業の徹底にしても、これを完全に実施していくには、解決しなければならない大きなそして多くの問題が残されてしまった。そのために、政府は「医制」は発布後およそ一〇年を「当分の間」と考え、その間は従来から開業していた医師については学術の試験を免除するとか、医師によっては調剤兼帯を許可し、暫定的に調剤を行わせる等の処置を考えざるを得なかった。そうした苦心の形跡は条文各項の間に見えている。

京都府における「医制」の実践

そうしたなかで、「医制」をいち早く、しかも最も理想に近い形で実践したのは京都府であった。まず京都市内の上・下京地区において「医制」を施行し、順次その実行の範囲を広げるべく、明治八年（一八七五）三月には「番外第十三号乙」を布告して「人命御保護の御主旨を遵奉し、医薬を業とするもの、深くこれを体認し心得ちがいのないようにすべきである」という法の主旨を説明した。

この布告によって、京都府は免許を持たない医師、薬舗主の医療行為を禁止し、資格のある医師にはメダルを佩用《はいよう》させ、また免許を持たない従来からの薬店を通薬業として薬舗と区別した。通薬業は現在の薬種商（薬店）に相当することになる。そして明治八年七月には薬舗主試験を実施した。この試験では当時二条通車屋町角で薬種商を営んでいた上田吉兵衛（四十八歳）が合格し、わが国の薬舗主免状第一号を取得したと記録されている。わが国における薬剤師第一号の誕生であった。以下第十五号まではことごとく京都人、また第五十号までのうち、三四名の薬舗主も京都人であった。

その後、明治政府は、明治九年（一八七六）には開業しようとする医師への開業試験、十二年（一八七九）には「医師試験規則」を発布して試験内容を完全に洋方医学に定め、さらに明治十六年（一八八三）には新しい「医師免許規則及医術開業試験規則」を発布して、漢方医の医療への一切の関与を封じていくことになる。「医師法」「歯科医師法」の成立は明治三十九年（一九〇六）のことであり、「薬剤師法」は遅れて大正十四年（一九二五）に成立している。

医薬分業への始動

「薬律」の制定へ

明治二十二年（一八八九）二月十一日、政府は「大日本帝国憲法」を発布し、これをもって日本は名実ともに近代国家への第一歩を確実に踏み出したことになる。時の総理大臣は伊藤博文の後を受けた黒田清隆《きよたか》であった。

政府が、一般には「薬律《やくりつ》」と呼ばれた法律第十号「薬品営業並びに薬品取扱規則」を制定、公布したのもこの年の三月十五日であった。同時に内務省令として「薬剤師試験規則」と「薬品巡視規則」も公布されて、先の「医制」に対応する薬事制度に関する法的体系はこれをもってやっと一応の整備を終えたことになる。

「薬律」は、第一章薬剤師、第二章薬種商、第三章製薬者、第四章薬品取扱、第五章罰

則の五章および付則に及ぶ全四八条によって構成されており、内容的には現行の「薬事法」や「薬剤師法」の原形といってよい。「薬律」は大正十四年（一九二五）には「薬剤師法」に、昭和十八年（一九四三）には「薬事法」に改変され、その後何回かの改正を重ねて現行の「薬事法」「薬剤師法」に至っている。

ここで、第一条の「薬剤師とは薬局を開設し医師の処方箋に拠《よ》り薬剤を調合する者をいう」という規定によって、従来の薬舗主は薬剤師に、薬舗は薬局に改称され、それぞれの資格、存在の意義、役割、義務等が続く第十九条までによって規定されることになった。とくに第九条には「薬剤師に非《あら》ざれば薬局を開設することを得ず」と規定され、先に「医師たる者は自ら薬をひさぐことを禁ず」とした「医制」の精神を受け、医師による診断と処方、薬剤師による調剤という医薬分業の基本姿勢を明確に打ち出す法的根拠が明示されることになった。

しかし、問題は新たに加えられた付則中の第四十三条にあった。そこには「医師は自ら診療する患者の処方に限り第二十六条第二十七条第二十九条に従い自宅に於て薬剤を調合し販売授与することを得、この場合に於ては第三十八条の監視を受くべし」とある。ここにいう第二十六、七、九条というのは、薬剤師が医薬品を取り扱う場合に受ける規制に関する条項であり、「日本薬局方《やつきよくほう》」に定められた医薬品以外は使用してはいけないとか、毒・劇薬使用上の注意を守れというような内容であるから、この付則は、結果的には薬剤師が行うべき行為を医師に対しても認可するということを意味する。要するに第九条の規定に対する実質的な空文化であり、医薬分業の否定にもつながる条文であった。

柴田承桂教授辞任の本当の理由

当時、内務省衛生局にあってこの「薬律」の成立に心を砕いていたのは、かつては大学東校製薬学科の初代日本人教授として第一回卒業生を世に送り、その後文部省医務局の内務省への移管にともない、長与専斎局長に請われて内務省入りをしていた柴田承桂《しようけい》であった。

話はさかのぼるが、柴田承桂が大学教授を退任したのは明治十一年（一八七八）五月であって、三月に第一回卒業生を送り出した直後のことであった。退任の直接的な理由は健康上の不安ということになっていたが、柴田承桂の孫に当たり、祖父の後を継いで東京大学薬学部教授となった柴田承二氏は、この理由について、後年、次のように述べている。

祖父自身は肉体的に頑健でなく、自ら結核に感染しているものと思い込んでいたこともあり、しかし事実はそうでなかったようでもあるが、実際には華々しい表立った役割を嫌い、もう充分に力を備えた後継者ができたのだから舞台から退く時機と考えたのであろう。しかし当時は早く精神的に老成していたかも知れぬが、年齢的には漸《ようや》く三十歳、今考えればこれからという年で公務から退いてしまったわけである。少しく祖父の心境を推量すると、彼は三年のベルリン留学を終えたというものの、維新当時の日本で受けた専門教育の程度ではドイツ留学中まで基礎準備に相当多くの時間を要したであろうし、専門の学習と研究に没頭し得た時間はそれ程多かったとも思われず、日本に帰ってからまとめた研究論文は「ケンゴ子の成分」の僅か一篇だけである。祖父の脳裏にはこれからの日本の大学に於ける薬学教育研究を担う指導者には、ともかく系統的な学習を了《お》え、今巣立った三人の俊秀（著者註―下山順一郎、丹波敬三、丹羽藤吉郎）の成長に期待し、ベルリンのホフマン教授の下でその後も本格的な研究を続けている長井長義の帰国を待つ以外にはないという考えがあったのであろう。そして自分は寧《むし》ろ蔭にあっていささか得意の語学力をもって洋学の導入と普及を計る方がふさわしいと考えたと思われる。（雑誌『ファルマシア』十五巻「柴田承桂」昭和五十四年）

柴田承桂が結核であったかもしれないと思い込んでいた節があることについては、次のようなエピソードも根本曾代子氏によって紹介されている。

柴田承桂とともに尾張藩から選ばれたドイツへの留学生小宮基次（仮名）はベルリン大学での勉学中に肺結核に侵され、承桂の手厚い看護の甲斐もなく不帰の人となった。三年間の留学期限が終ろうとする矢先のことであった。已《や》むなく、承桂は亡き学友の遺骨を抱いて帰国の途についたが、狭い船室内に遺骨を安置し、数十日の単調な航海の日々を過ごした彼の苦悩は相当に深刻であったらしい。また、承桂自身も、以後自らも結核に侵されたという思いに捕われていたらしい。後年、彼は市ヶ谷加賀町に屋上に尖塔のついた三階建のドイツ式の洋館を建てて住んだが、ベルモートやキュラソーをちびりちびりと愛用のグラスで嗜《たしな》む程度の酒量に較べると煙草の喫煙量は格別で、書斎はいつも紫煙でもうもうたる有様であったという。それは、ひところ、煙草の煙に殺菌作用があるという説が流布したことも影響したのかもしれず、過度の喫煙を好まれたのかもしれない（『日薬新聞』「薬太平記」柴田承桂先生の巻、昭和三十四年）。

「日本薬局方」公布

大学教授の職をなげうった柴田承桂の真意については、今さら知る由もない。いろいろと考えられる理由については前に述べたが、もう一つ考えられる大きな理由は、柴田が現実に恵まれなかった第一回製薬学科卒業生たちの働く場のことを深刻に考えたためではなかろうか。当時としては最先端の薬学を修得し、晴れて薬学士となった彼らを受け入れる職場はわが国になかった。その当時、まだ本格的な製薬事業に手の届いていなかった薬業界には、大学出の薬学士を受け入れる余地はない。その上、社会には薬学に対する理解がない。彼らは各地の司薬場（衛生試験所）、国公立病院、軍病院、学校の理科教師などの職を求めて全国に散った。

大学を退職したあとの柴田承桂は、いったんは帰国したB・W・ドワルスのあとを受けて大阪司薬場長として赴任した後、内務省局員（局長補佐役）として東京に戻り、得意の語学力を生かして外国文献を渉猟、読解し、医療、衛生に関する諸法規の立案に携わるようになった。その間に執筆した『衛生概論』は、衛生学という学問の原理、歴史から大気、水、土壌あるいは住居、学校、病院等にわたる環境の問題、消毒や予防等の対策などを説いて、それまでのわが国では理解されることのなかった公衆衛生上の方策、行政機構のあり方までを詳述して、以後、わが国において衛生問題に対応する場合の標準的参考書として評価されることになった。

何と言ってもしかし、衛生局員として第一の柴田承桂の功績としては、わが国ではじめての「日本薬局方」の編纂をあげることができるだろう。「薬局方」というのは、それぞれの国で用いられている医薬品の規格を定めて、製薬や品質評価のさいの基準とするものであって、この基準がない限り、たとえば輸入医薬品の真偽の判定をすら行うことができない。

明治十三年（一八八〇）の十月に、長与衛生局長は時の内務卿松方正義《まさよし》に建議を提出し、薬局方の制定についての具申を行った。その結果、同年の十一月には太政官から局方編纂の沙汰があり、直ちに衛生局員柴田承桂を中心に横浜司薬場教師のゲールツ、医薬校製薬学科教師のランガルトと東京司薬場教師で後にランガルトの後を継いで製薬学科の教師となったエイクマン、それに海軍軍医監高木兼寛《かねひろ》と陸軍薬剤正兼二等軍医松永東海《とうかい》が委員に選ばれて局方編纂の作業が開始された。翌年早々には、元老院の幹事で中央衛生会会長の細川潤次郎が編纂委員会の総裁に任命され、委員としては陸軍軍医総監松本良順、海軍軍医総監戸塚文海《ぶんかい》、大学医学校教授三宅秀《ひいず》、それにエルウィン・フォン・ベルツなどをはじめとする当時の医学界の権威が委員に加えられて、作業は本格化する。

起草委員としては柴田、ゲールツ、エイクマン、ランガルトが就任した。しかしこの中でランガルトは明治十四年（一八八一）に任期を終えて帰国し、明治十六年（一八八三）にはゲールツが病死してしまい、責任は重く柴田の肩にかかってくる。

柴田はまずオランダの薬局方第二版（一八七一年）を先例として倣《なら》うこととし、エイクマンの協力を得てドイツ語の草稿を作成した。続いて明治十五年（一八八二）には米国局方（第六版）、ドイツ局方（第二版）も相次いで出版されたので、その内容を参考にした補正も行われた。

問題は学術用語や医薬品の名前をどのようにして日本語にするかにあった。これにはかつて柴田の製薬学科時代の学生であった下山、丹波、丹羽の三人も協力し、ドイツ語の草稿は日本語に翻訳されて、わが国初の薬局方が作り上げられていった。ここでは、たとえば化合物名はドイツ語読みの音をそのまま漢字をあてはめて記すという作業が行われている。サリシル酸を撒里失爾《さりしる》酸とするごとくである。面白いことに、日本語ではラ行がラリルレロの一種しかないために区別のできないRとLの発音の違いを、彼らはたとえばraを拉《ら》、laを刺《ら》のように区別し、拉利児列羅《らりるれろ》と刺里爾列魯《らりるれろ》の二系列のラ行を表現した。現在のカタカナ表記ではrとlが区別できないのに較べると、その気配りはかなり行き届いたものであったと言うことができる。

こうした作業をへて、第一版の「日本薬局方」は明治十八年（一八八五）に完成し、校閲をへて、翌年六月二十五日の『官報』第八九四号付録に内務省令第十号別冊として公布された。世界各国の薬局方の中で、わが国の薬局方の発行順位は二一番目に当たる。

医薬分業進行せず

ようやく局方制定の大役を終えた柴田承桂が、息つく暇もなく取りかかったのは、前にも述べた「薬律」制定の準備であった。いわば「薬律」は「薬局方」で定められた規格、基準をきちんと守るために必要な薬事に関する重要な法律的規制であって、縦糸と横糸とをからめて布を織るように互いに欠かすことのできないものであった。またそれ以上に、これを成文化していく柴田には、恵まれない彼の卒業生たちをはじめとする薬学関係者の職能を守る法令としての思いが込められていたに違いない。

「薬律」議会を通過

「薬律」が議会を通過し、公布されたのは明治二十二年（一八八九）三月十六日であり、施行は翌年の三月一日からと定められた。しかし施行される法律には無期限に医師の調剤権を認めた付則第四十三条があり、前にも述べたように、これによって薬剤師は医療の場での事実上の役割を失うことになった。

衛生局内において長与局長を補佐する立場にあった柴田承桂は、付則を加えるという案に対して、ひとりあくまでも反対意見を述べ、処方する立場の医師と調剤する立場の薬剤師の両者による分業と協力があってこそ、はじめて近代的な医療の原則が成立するのだという原則案に固執した。

そのころ、政府の医療行政を司っていたのは、当時としてはすぐれて先進的な医師、医学者たちであったが、彼らといえども、言葉の上での理解は優れていても実際上の治療の手技については経験を持たず、もちろん、ヨーロッパ医学で用いられる医薬品の知識もない。薬学の実態はおろか、その存在すらも知る者はいない。

柴田の意見を理解する者は長与専斎以外にはほとんどいない。古くからの習慣の中で、医師は自ら薬を混ぜ、あるいは煎じて患者に与え、診療の報酬は「薬代」として受け取り、収入としてきた。患者もまた、薬を貰わずに医師に報酬を支払う習慣には簡単には馴染《なじ》まなかった。また、当時の薬剤師の数は医師の三万八〇〇〇名に対してわずか一七〇〇名にも達せず、圧倒的に不足していたことも理由になった。

当然、周囲の医師は柴田の原案に反対し、内務省内の意見もしだいに付則賛成に傾いて、柴田は孤立無援となった。さすがの柴田も、わが国の現状を冷静に眺めれば直ちに理想の案を実行に移すのも難しかろうと判断せざるを得ない。ついに反論に屈した柴田は「当分の間」の字句を条文の文頭に置くことを条件として譲歩し、「当分の間」は、医師の調剤権を容認することとなった。

激怒した長与専斎

結果的に「薬律」の文案には、「当分の間」を付記した付則第四十三条が加えられることになった。ところが、驚いたことに、議会を通過した法律の条文からは、いつの間にか「当分の間」の字句は消えていた。

この修正については衛生局に事前の了解を求めることなく、当時の元老院における審議過程での、いわば闇討ち的な処置であったので、長与衛生局長もこの処置には激怒し、議会に強く抗議したと伝えられる。しかしすでにすべては決していた。

長与は後に自伝『松香私志』にそのあたりのことを回顧して大略次のように書いている。

明治二十三年薬品取締りの規則が制定され、調剤と劇毒薬品の取扱いは資格のある薬剤師に限られることになったが、わが国古来の習慣に従って医師にも当分自家患者に対する薬剤の調製授与が許された。このことについて、薬学士、薬剤師は次のように主張した。薬学は医学とは科目が異なり、医学を修めたからといって薬学のことはわからない。調剤は薬剤師の行うべき業務であって医師は医薬品の取扱いについてはいわば素人と同じである。現行の法律は薬剤師の権利を侵し、薬学の発達を阻害するものである。このままでは薬剤師は次第に立場を失い、技量をみがいて業務を全うすることができなくなってしまうだろう。

それに対して医師はこう言う。古来日本の医師には診察料の定規がない。薬代は報酬であり、患者は薬代を払うことで診察料を兼ねる習慣を身につけている。にわかに法律によって医師の調剤を禁ずることになれば診察料の法律を制定することも必要であり、患者に余計な負担をかけることになる。医師の十分の一ほどしかいない薬剤師が医師に代って調剤を行うなどできることではない。

すると薬剤師は、現在薬剤師の数が少ないのはこれまで仕事の場がなかったからで、一旦医薬分業の法が定まればその数も増えることになる。

このように、甲は理に基づき、乙は事情を根拠として、互いに論じて譲らず、ついには帝国議会の議にも上った。医師、薬剤師は同じ医療の場に生活し、夫婦か兄弟のように助け合ってその発展に努力すべきであるのに、互いに傷つけ合って世の笑いものになるのはかえって発展の妨げであり、まことに残念なことである。

いわば当事者として衛生局長の地位にあってその経緯を眺めた人だけに、長与が述べていることの含蓄は深い。

いったんは激怒した専斎も、『自伝』の中では、現状からみると「法律」の規定だけで医師に調剤を禁ずるのは、あるいは無理なのかもしれない。しかし、都会や上流の医療社会にあっては医薬分業の実践はしだいに行われているようだし、最終的には互いの協力が必要なのだから、こんなことで医師と薬剤師が争ってはいけないという感想を述べている。

薬剤師の抵抗

「薬律」によって薬舗主が薬剤師に改称されることを知った「東京薬舗会」は、その前年、明治二十一年（一八八八）の八月に会名を「東京薬剤師会」とし、会の拡大と改組を計った。会頭には製薬学科の第一回卒業生の下山順一郎が就任し、丹羽藤吉郎、丹波敬三らが評議員に名を連ねた。また副会頭には福原有信が就任した。

この薬剤師会の改組設立は全国各府県の薬剤師を大いに刺激し、明治二十二年（一八八九）三月の愛知県に始まって二十五年（一八九二）七月の秋田県に至る数年の間に、二四府県においてつぎつぎに薬剤師会が設立された。

こうした動きのなかで、「薬律」が明治二十三年（一八九〇）三月に施行されると、全国の薬剤師の将来に対する不安と不満は一気に高まり、その年の四月には早くも全国薬剤師懇親会が五日間の会期をもって東京で開催され、全国組織としての「日本薬剤師連合会」が結成された。

薬剤師会によって「薬律」付則に対する最初の抗議が提出されたのは明治二十四年（一八九一）に開かれた第二回帝国議会においてであった。わが国に帝国議会が開設され、開院式が行われたのは明治二十三年十一月二十九日のことであったが、実質的な議案の審議が開始されたのは翌年の第二回の議会からであった。

提案者島田三郎ほか五名、賛成者犬養毅《つよし》ほか五九名を得て、「薬品営業並薬品取扱規則改正案」は、明治二十四年十二月八日、第二回帝国議会に提案された。提出された議案の内容は、明治二十二年法律第十号付則第四十三条第一項に対する「但し内務大臣において適当と認むる地につき来る明治二十七年（一八九四）一月一日より逐次医師の調剤を禁止す」という文言の追加にあった。

それには次のような提出理由が添えられていた。「医師は診察、処方を本業とし、薬剤師は製煉調剤を本業とするのが現在の医薬業社会の原則であるのに、わが国古来の習慣は一朝にして廃止することが難しく、政府は明治初年から法律的にも教育的にも着々その準備を進めてきた。その結果ようやく多くの専業の薬剤師も育成されるようになった。ところが、明治二十二年の法律第十号では無期限に医師の医薬品調剤と販売を公許したため、全国の薬剤師はいつ本業に従事できるのか、また医師はいつ旧来の習慣から解かれるのかわからない。これでは医、薬それぞれの独立と進歩が妨げられ、公衆衛生の安全を守ることができない。従って速かに法律を改正する必要がある」。

この改正案は十二月二十五日の本議会に議案として上程されることになったので、東京府薬剤師会会頭雨宮綾太郎《あやたろう》は急遽全国各府県の代表委員に上京を要請して、全面的な運動を展開することを計画した。

また、その年の十一月に、雨宮は東京府医師会の佐藤進会頭あてに書面を送り、医師会の理解と了承を求めた。送られた書面の概略は次のようであった。

明治維新の後、わが国医術の進歩は急速であり、明治政府は「医制」を三府に発布して、以来、医業は薬業と分立すべきであるとの方針を立てて新しい医療の形を確立しました。さらに明治二十二年三月には、法律第十号（「薬律」）が公布されて薬舗の旧称を廃止し、薬剤師の名義も定められ、権利義務も確定されました。しかし、附則によって医師が調剤を行うことが認可されたため、薬剤師はその業務をいつになったら実行できるのかがわからず将来の方針を定めることができません。つきまして、法律第十号附則第四十三条の改正を帝国議会に請願することに決しました。このことはわが国の医業と薬業の体面を一新し今後の両業の進歩の基礎を確立し、互いの幸慶だけでなく、国家の福祉にとってもこれ以上のことはありません。……

薬剤師一三二四名の署名を添えた請願書には「薬律」第四十三条の改正が必要であるとして次のような四条件が述べられてあった。

第一は、学術の発達進歩にともない医学もますます広大深遠の域に達するとき、薬学を分けて独立の専門学科とする意義がある。一人でこの二大学科を修得するのは困難である。第二は、医師が往診宅診の傍ら薬品を製煉し、真贋良否を検査し、調剤投薬を行うには時間的な余裕がない。あったとしても貴重な時間は専門業務のために費すべきであって、人の生命に対して無責任のそしりを受けかねない。旧来の習慣に頼って薬品の代価を診療の報酬にあてている間は医師本業の価値を抛棄するばかりでなく、本来不必要な薬品を投与するなどの悪習を生ずる恐れもなしとしない。第三は万が一にも処方内容に誤りがあった時、薬剤師による検査と医師への反問により事故を未然に防ぐことができる。また、悪質な薬品の購入や使用を防止することもできる。第四に国家の将来を考える時、薬剤師の育成を妨げる如き目前の法律により今後わが国における医薬製造の新しい発展は望めず、漫然と廉価なだけの医薬を探し求め、購入、使用することに終始してしまうことになりかねない。

しかし、医師会は雨宮からの書簡に対しては返答の必要なしとしてこれを無視した。また、結果的には、第二回帝国議会はあたかも改正案上程の予定であった十二月二十五日に突如解散となり、議案は宙に浮いたまま、終末を迎えた。

議会の厚い壁

第三回帝国議会は第二回解散後の短期議会であったために、改正案を上程することはできなかった。第四回議会では、提案者側がそれまでの運動による疲れから容易に立ち直ることができずに見送りとなって終わった。

続いて明治二十六年（一八九三）十二月十一日に開催された第五回議会では、中村弥六、片野東四郎議員による議案提出の理由説明が行われたが、長谷川泰《たい》議員による強硬な反対論が述べられ、採決の結果上程は否決された。長谷川議員はそもそもが医師会の意を受けて「薬律」に付則第四十三条を加える運動を推し進めた人であったから、付則改正に反発したのは当然のことであった。

さて、「薬律」改正案は、第六回議会は臨時開催であったために見送りとなり、第七回議会は日清戦争勃発にともなう戦時議会となったために議案提出ができず、第八回議会になってようやく提出を果たしたものの、再び長谷川泰議員による強硬な反対にあい、採決の結果、賛成七二対反対九五票の差をもって否決となった。

第九回議会では本会議に報告する段階にまでいったところで形勢不利の情勢は変わっていないと判断されて議案提出は撤回され、第十回議会ではまたもや否決。第十一回議会は開会と同時に内閣不信任問題が噴出して解散となり、第十二回議会も早々と解散となって、改正案はなかなか日の目を見ることができず、明治三十二年（一八九九）を迎えた。

このころ、市場に流通する医薬品にはかなりの比率で「日本薬局方」の規格に適合しない不良品があることが、警視庁技師の池口慶三らの調査によって明らかにされていた。この実状は陸軍薬剤監であった平山増之助によって明治三十二年に開かれた日本薬学会に報告され、薬学会は直ちに調査委員会を組織して実態調査を行った。そして、二年にわたる調査の結果、流通する医薬品のじつに約六〇％が不良薬品であることが判明した。

調査委員会は、この結果は医療の現場に多大の不幸をもたらすであろうと指摘し、医薬品の管理については医師まかせにするのでなく、薬剤師に責任を負わせること、医師や公衆に対して薬品を販売するものを薬剤師に限定すること（薬剤師不在の地域はこの限りでない）、さらには薬品取扱者に対しては刑法上の不論罪を適用せず、また会社組織の製薬者に対しては不良薬品製造の責任を負わしめること、の三点を長井長義会頭に報告した。

こうした状況のなかで、中央衛生会は明治三十二年（一八九九）の第十三回帝国議会において「薬律改正案」を議事日程にのせることを検討していた。しかし、政府委員からの反対があり、いったんは委員付託となった。その後何回かの委員会をへてようやく賛成多数を得、三月三日の上程が決まったが、再び政府委員長谷川泰からの強硬な反対があり、採決の結果、賛成票五三票に対して反対票は一一五票に達し、改正案の上程は否決されてしまった。

このような事態を受けて、日本薬学会の長井会頭は先に得られた学会内調査委員会の報告内容を明治三十三年（一九〇〇）二月二十六日付をもって、中央衛生会に伝え、調査結果についての検討を依頼した。中央衛生会はこの結果を重視し、「薬律」を速やかに改正して、薬剤師による医薬品管理の責任体制を整備することが急務であるとの結論を出した（池口慶三『薬律改正案通過顛末史』）。

薬局方調査会薬系委員の総辞職

折しも、内務省衛生局長には後藤新平の後を継いで、以前から分業反対の長谷川泰が就任していた。中央衛生会からの勧告を受けた長谷川は、改正案にあるような指定医薬品制度を設け、薬剤師にその販売授与の権限を託することは「内務大臣の指定したる薬品は薬剤師にあらざれば販売又は授与することを得ず」という規制を生かすことになり、医師の専権を奪って必然的に医薬分業を実行することになるとして、依然として反対の態度を崩さない。彼は「薬律改正案の如きは一方に強い反対意見があるので、国会に提出しても通過する見込みがない」と主張してやまなかった（唐沢信安『済生学舎と長谷川泰』）。

しかし、中央衛生会は、あくまでも厳正な「日本薬局方」の規定に合った医薬品の製造と流通はわが国の医療を支える重要かつ緊急の問題であるとして、重ねて改正案への賛成多数をもって本案の議会への上程を決議し、内務省衛生局にその結果を伝えた。ところが長谷川は局長権限によってこの中央衛生会の決議までを握りつぶし、内務大臣への上申をしなかった。

困惑した日本薬学会会頭の長井長義をはじめ、下山順一郎、丹波敬三、池口慶三、田原良純、福原有信らの薬系の中央衛生会委員および関係者は、再三にわたって長谷川局長に改正案の提出を迫った。また医系の中央衛生会委員であった三宅秀、中浜東一郎らも内務大臣にその実行を要請するに及んで事態は急速に緊迫した。

こうして、改正案はようやく第十六回帝国議会に提出されることになったのだが、当事者である長谷川衛生局長はまったく乗り気でない。そうこうするうちに明治三十五年（一九〇二）の三月十日をもって議会は会期終了のため、閉会されることになった。

ここに至って、長井長義以下六名の日本薬局方調査会委員は薬局方を守るべき法律が〝ざる法〟のままにされ、行政の当事者である衛生局長がかくも不熱心である以上、薬局方制定の意味はないという理由で辞表を提出し、医系の樫村清徳委員も同意見で辞職を申し出るという事態となった。

結果は内務大臣内海忠勝の慰撫《いぶ》調停によって辞表の撤回となっておさまったが、その責任によって長谷川泰は局方調査会委員長を免職となり、石黒忠悳《ただのり》がその後を継いで調査会委員長に就任した。しかし、衛生局長としての長谷川は依然として反対の矛をおさめようとしない。内海忠勝内務大臣、山県有朋《やまがたありとも》総務庁長官がともに改正案の重要性をもって議会への提出をうながしたにもかかわらず、長谷川は通過の望みのない議案の提出は見合わせるべきであるという主張を譲らなかった。

ついに、内務大臣は頑迷に自説を譲らない長谷川泰の衛生局長の罷免を決定した。長谷川の免職にさいしては、かねてから彼の親友であった石黒忠悳も、そして長谷川に同情を寄せていた北里柴三郎も含め、さすがに彼の慰留をすすめる人は誰もいなかったという（唐沢信安『済生学舎と長谷川泰』）。

長谷川泰の履歴

長谷川泰という人は天保十三年（一八四二）に漢方医長谷川宗済を父として越後の長岡で生まれている。父について漢方医学を学んだ後、二十歳の時に佐倉順天堂に入塾し、佐藤尚中《しょうちゅう》の下で蘭方医学を学んだ。ここで彼は相良知安の弟相良元貞と知り合う。その後江戸に出て松本良順の幕府医学所にも学び、ここでは同じ越後出身の石黒忠悳と親交を結んでいる。

慶応四年（明治元年）、二十六歳で帰郷した長谷川は、長岡藩の重役河井継之助《つぐのすけ》に抜擢《ばってき》されて戊辰戦争に藩の軍医として参戦した。しかし河井は戦死し、長岡藩は壊滅した。維新後、長谷川は順天堂時代の知己相良元貞を頼って再び上京し、医学取調べ御用掛に就任した元貞の兄相良知安の推挙を得て大学東校に入り少助教の職を得た。佐幕派の長岡藩にあって軍医とはいえ戊辰戦争にも参戦した長谷川にとっては幸運な人事であった。折しも、大学東校の校長はかつて順天堂時代の長谷川の師佐藤尚中であった。そして尚中が辞任したあとの校長には相良知安が就任した。長谷川は両校長によく尽くし、一時は校長代行をまかされるなど、しだいに学校経営にその才能を生かしていった。

しかし、相良知安がその強い性格から文部省と相容れずに東校（当時は第一大学区医学校に改組）を追われることがきまると、相良と親しかった長谷川はそれに先立って左遷され、長崎医学校の校長に任命されて長崎に転出した。ところが、長崎医学校は二ヵ月で廃校となり、長谷川は免職となってしまった。

再び上京した長谷川が東京本郷の元町に私立の医学校済生学舎を開校したのは明治九年（一八七六）、三十四歳の時であった。目的は西洋医の速成であった。結局、この学校は明治三十六年（一九〇三）に文部省が発布した「専門学校令」の基準に適応せず、翌年には廃校されることになるが、それまでの間に長谷川は九六二八名もの医師を養成したと記録されている。当時のわが国の医師総数三万二千余名のうち、いわゆる西洋医は一万四千余名であったというから、一時期、その六〇％以上が済生学舎の出身者によって占められた可能性も考えられなくはない。しかし、その教育内容は必ずしも万全ではなかったとも伝えられる。済生学舎の廃校については森林太郎（鷗外）の痛烈な批判も大きく影響した。鷗外は、『医事新論』に論文を寄せ、厳しい入学試験も年齢制限もなく、講義ばかりで実習も満足に行えない医学校の存在はむしろ有害であり、法の力で廃校すべきであると済生学舎の教育内容を痛烈に批判し、廃校を主張した（前掲『済生学舎と長谷川泰』）。

一方で、長谷川泰は明治十三年（一八八〇）には文部省御用掛《ごようがかり》に任命され、明治十八年（一八八五）には内務省衛生局第一部長（局長代理）となり、明治二十三年（一八九〇）に第一回衆議院議員選挙が行われると自ら立候補して当選している。その二年後にも長谷川は新潟県から立候補して再び当選し、この年には東京市会議員をも兼任した。衆議院議員としては、また二年後の第三次総選挙にも当選を果たしている。

明治三十年（一八九七）には、長谷川は後藤新平の台湾民政局長への転出の後を受けて衛生局長に就任したが、三十五年（一九〇二）に前述したような事情によって局長の職を罷免されている。明治四十五年（一九一二）に大腸腫瘍のために多彩な生涯を終えた時、長谷川は享年七十歳であった。

医薬分業の挫折

長谷川泰による分業反対

第十六回帝国議会に提案された「薬律改正案」は医薬分業を規定する法律への改正を直接の目的とせず、不良医薬品を医療の場から駆逐するための役割を薬剤師に持たせようとすることをその目的としていた。しかし、長谷川泰はこの改正内容もゆくゆくは分業の実施につながるとして反対した。

依然として医学の他に薬学という学問分野があり、車の両輪のごとく互いに役割を果たしあってこそ医療の目的を全うすることができるという認識は、当時のわが国ではほとんど理解されなかった。人々が持つ医薬の理解は依然として草根木皮《そうこんもくひ》であり、医師が調合する漢方医学の域を出ていない。

明治政府はいち早く医学の近代化を目指し、ドイツ医学の導入を実行した。しかし、その医学が実践されるべき医療の現場において、ほとんどの医師の洋薬に対する認識は相変わらず百味簞笥《たんす》に蓄えられ、薬籠《やくろう》中に携える漢方薬と同じ程度でしかなかった。また、患者にとっても、診療に当たって薬をくれない医師の存在は理解できなかったし、そのような医師に報酬を支払うという事態を理解することはできなかった。

当時としては先進的医学者の一人であり、医学の近代化を推進する立場にあった長谷川泰は、当初は医薬分業論を唱え、薬学必要論を主張しながら、なにゆえに後になって分業反対論者の急先鋒として執拗に「薬律」の改正を阻んだのだろうか。

彼は明治十四年（一八八二）の『薬学雑誌』創刊への祝辞として「医学と薬学は密接な関係をもち、医学が盛んにならなければ薬学は奮わず、薬学の興廃は医学にも影響する」とまで述べているのである。

それでいながら、長谷川はしきりに策謀して、柴田承桂が先進諸国の法律を参考にしつつ心血を注いで立案した「薬律」の思想を無視し、医師の調剤を認める付則第四十三条をこの法律に加えた。しかも、柴田が最後の線として容認した「当分の間」という文言が付則から抹消されたのも長谷川の働きかけの結果であった。

こうした長谷川の豹変《ひょうへん》の謎は解けない。しかし、彼がいち早く私立医学校としての済生学舎を開校し、当時の西洋医の六〇％を占める一万人にも及ぼうという数の医師を世に送ったことと関係がないとは思えない。彼が医薬分業に対して強硬な反対論を主張し始めたのは済生学舎が最盛期を迎え、多くの卒業生が医師として活躍し始めた時期に合致する。これらの医師の生活を守り、学舎の評判を保つことは、長谷川にとっては重大な使命であったと考えられる。

長谷川は、そのころには医学者というよりも医界の有力者としての役割を担うようになっており、「薬律」が施行された明治二十三年（一八九〇）には、第一回衆議院選挙に当選して政治家としての活動をも開始している。明治四十二年（一九〇九）に、長谷川は東京の本郷医師会における講演の中で「日本でも今までに医家出身の偉い政治家が出ているが、将来においても医家出身の政治家を選出しなければならない」と演説し、できるだけ多くの医師の政治への参画を呼びかけている。この発言を、長谷川が政治によって医療のかたちを動かすことを経験的に知った上でのことであったかもしれないと推論する意見もある（天野宏ほか「長谷川泰の医薬分業論」『薬史学雑誌』三十二巻二号）。

長谷川泰があくまでも強硬に医薬分業に反対した主な理由は、分業が医師の生活を不安定にするということ、またひいては患者の負担を重くするというところにあった。したがって、医師における診察料の徴収が法的に制定されない限り、分業は一〇〇年たっても望めないとも述べている。当然の論理であり、長谷川が示した頑《かたく》なな態度と行動は別として、この点に関する彼の主張に間違いはない。むしろ、諸外国を真似て上辺《うわべ》だけを取り繕おうとした政府の医療行政への認識の甘さが摩擦を生じ綻《ほころ》びを生んだとも言えるだろう。

分業断行を唱えたジョン万次郎の息子

ところで、薬系の委員に伍して「薬律」改正の重要性を認め、自らも内務大臣に強く要請した医系委員の一人、中浜東一郎は、医薬分業をぜひとも実現させなければいけないという分業断行論の持ち主であった。この人物はジョン万次郎こと中浜万次郎の長男である。

ジョン万次郎は土佐の漁師であったが、天保十二年（一八四一）にたまたま漁に出ていて暴風にあい、難破して漂流するところを米国の捕鯨船に助けられた。米国での学校教育を受け、一一年にわたる外国生活を体験した後、嘉永四年（一八五一）に帰国した。

鎖国体制下のわが国では、たとえ漂流の結果であっても外国からの送還は認められておらず、帰国人に対するその後の扱いは過酷であった。しかし、万次郎は大胆にも禁を犯し、アメリカ船に便乗して琉球に上陸した。この翌々年にはペリーの率いるアメリカ東インド艦隊の軍艦四隻が浦賀に来航する。万次郎の判断は、すでに幕府の首脳たちをこえて時代の先を見通していたということができるだろう。

実際に、万次郎はすぐさま郷里土佐への帰国を許され、その後は江戸に召し出されて幕府に召し抱えられている。万次郎は英語の通訳として活躍しただけでなく、米国の歴史、地理、政治、国状、あるいは日常生活の様子まで、詳細にわたって意見を述べた。彼の意見がペリーとの交渉に当たって幕府の役人たちにどれだけ有益であったかは計り知れず、また、その結果が大きくわが国の開港を促したことについては言うまでもない。

中浜東一郎は安政四年（一八五七）、ちょうどわが国が諸外国と通商条約を結ぶ前年、ポンペ来日の年に江戸で生まれた。安政五年（一八五八）に宣教師として来日し、その後十全病院に勤めながら横浜で医師として働いていたアメリカ人医師ドゥエイン・B・シモンズについて英語と医学を学んだのち、明治六年（一八七三）には十六歳で第一大学区医学校（大学東校）に入学した。そこでは、ドイツから着任したミュルレルとホフマンによる新しい医学教育の体制が始まったばかりであった。医学校は明治十年（一八七七）には改組されて東京大学医学部となり、東一郎はエルウィン・ベルツの教えを受けて、明治十四年（一八八一）に第三回生としてここを卒業した。同期には森林太郎（鷗外）がいた。

卒業後は福島県、岡山県、石川県等の各地の医学校に校長として勤務した後、内務省衛生局に入り、明治二十九年（一八九六）に退職した。その間、彼はドイツのミュンヘン大学に留学したが、そこで学んだ専門分野は柴田承桂と同じ衛生学であった。

中浜東一郎はなにゆえに医薬分業を必要と論じたのか。彼が『公衆医事』第二巻に「医薬分業断行論」を発表したのは明治三十一年（一八九八）である。「薬律」が公布されてから一〇年近くを経て、彼はこの法律の矛盾に気付いていた。

彼はまず薬学は調剤だけの学問ではなく、製薬化学、製薬素材学（薬用植物学、生薬学）、分析学などを含む範囲の広いものであって、調剤だけの問題であれば医師でも薬剤師でも同じようにやってできないことはないが、諸外国のごとくに医薬分業によって薬学を振興し、治療に有効な新薬の開発を盛んにしなければ医学も進歩しないだろうと説いた。

診察を受けた後に処方箋を持って薬局に行く不便などは、分業が行われないために無用の薬や、万が一にも危険な薬を服用する恐れを回避できることを考えれば甘受して当然のことであるとし、分業は費用を増加させるという意見についても、分業になれば医師はかえって経費を節約することができると説明した。たとえば、分業となれば医師は自分で薬局を設備する必要がなく、したがって調剤用の器具、薬品等を購入する必要もなく、薬局生を雇用する必要もなくなる。大体が、医師が一名から五名に及ぶ書生をおくのは漢方医時代からの徒弟制度の遺風であり、書生一名に一月五円を支出するとすれば、東京市内の医師一五〇〇名、書生二〇〇〇名として一月に一万円、一年間に一二万もの支出となる、と意見は具体的で、また手厳しい。さらに彼は薬代に頼っている医師の収入は診察料が導入されれば患者への負担を増加させ、貧者は受診できず、また博士学士の医家ばかりが栄えて他は閑《さび》しくなるというが、診察料さえも払えないような患者は当然薬代も払えないだろうから、分業にすれば薬代の未払いがなく、かえって医師の損害はなくなるだろうと、いささか皮肉めいた意見も述べている。

中浜は、明治三十五年（一九〇二）の第十六回帝国議会で「薬律」改正案の審議が行われる最中に、『読売新聞』に二回にわたって論説を寄せ、速やかに法律を改正して薬剤師に薬に関する特権と重責を負わせ、薬学を振興して医学の進歩に役立たせるべきであると主張した（前掲、天野宏ほか『薬史学雑誌』三十二巻二号）。

丹羽藤吉郎の存在

明治三十三年（一九〇〇）の六月、当時、東京帝国大学医科大学の製薬学科助教授として製薬学を担当し、また日本薬剤師会にあっても指導的立場にあった丹羽藤吉郎は突然ドイツへの留学を命じられてベルリンに向けて旅立った。

丹羽は安政三年（一八五六）に佐賀藩士丹羽与左衛門の二男として肥前国西魚町で生まれた。藩の貢進生に選ばれて上京し、いったんは大学南校に入学したが、明治六年（一八七三）、大学東校に転校して、ここに新設された製薬学科の第一回生となっている。明治十一（一八七八）年に卒業した後は下山順一郎、丹波敬三とともに大学に残り、明治十四年（一八八二）に助教授に任命された。

生来の熱血漢であり行動的な性格の持ち主であった丹羽藤吉郎は、率先して薬学の振興、医薬分業と薬剤師の地位向上の実現に向けての運動に尽力していた。それだけに、彼の突然の留学はそれまでに盛り上ってきた運動にかなり大きな影響を与えることになった。

この丹羽藤吉郎については、いかにも佐賀の葉隠れの面目躍如たるいくつかの挿話が伝えられているが、その一つに製薬学科の存続をかけて時の文部大臣森有礼《ありのり》と直接談判をやってのけた事件がある。

明治十九年（一八八六）に文部省は帝国大学令を公布し、学制を改革して、東京大学を東京帝国大学に改めた。このさいに、わが国旧来の医学思想から抜け出し切れぬ医学教育関係者は、近代医学の導入にともなってせっかく開設された製薬学科を無用のものと判断し、閉鎖して医学科の中に併合することを決めた。これを聞きつけた丹羽助教授は、ちょうど医科大学長の三宅秀《ひいず》が外遊中であったため代理の大沢謙二教授に掛け合ったところ、大沢の意見は大臣と直接交渉したらよかろうということであった。そこで丹羽は勇躍文部大臣室に乗り込み、製薬学科の必要性とその存続を陳情した。彼は懐に伝家の短刀を忍ばせ、もしも大臣が拒絶をしたら刺し違えて果てる覚悟であったというから、その迫力は大臣にも伝わったにちがいない。森有礼は文部省の方針の間違いを認め、製薬学科閉鎖案を撤回してその存続を決めた。

丹羽が教授に昇任したのは明治四十年（一九〇七）であった。それより十五年も以前にいったんはその機会があったのだが、柴田承桂、松本良順の長男銈太郎らとともにベルリン大学のホフマン教授の下で有機化学を学び、帰国した長井長義に教授の座を譲って、自らは助教授のまま明治四十年までの年月を過ごしたとされる。長井長義は明治十七年（一八八四）にドイツより帰国していったんは東京大学の教授に就任し、理学部で化学を、医学部で薬化学を教えたが、理学部教授間の対立を理由に大学を辞めた。そして再び帝国大学医科大学に講師として招かれたのは明治二十五年（一八九二）のことであった。かねてから長井を畏敬する丹羽藤吉郎は長井を薬化学講座の教授として招致すべく、自らの昇任の機会を長井に譲ったのだと伝えられる。一説には彼の強硬な医薬分業推進運動が、医学部の一部の医系教授の逆鱗《げきりん》に触れたために昇任が遅れたとするが、真偽の程はわからない。

丹羽は新設された薬品製造学講座の教授に就任した翌年の明治四十一年（一九〇八）には医科大学附属医院の初代薬局長をも兼務し、医薬分業を目標とした模範薬局の設計や全国病院薬局長協議会の発足などに尽力して、大きな功績を残している。そこでの丹羽は、当時はまだずさんであった大学病院の医師たちの処方箋をきびしく監査し、また助言を行ったという。

消された医薬分業論

ともあれ、丹羽の留学によって医薬分業推進運動への大きな牽引力が失われたことは事実であった。実際に「薬律」改正案の提出は明治三十二年（一八九九）の第十三回帝国議会での否決の後しばらくは途絶え、再び提出されたのは明治四十五年（一九一二）の第二十八回帝国議会と記録されている。提出者は衆議院議員綾部惣兵衛であった。

確かに改正案は第十六回議会にも提出され、この改正案は七年をへた明治四十年（一九〇七）になってようやく議会を通過したのだが、その改正内容は分業に関することではなく、池口慶三の調査に端を発した粗悪な薬品を取締るための「指定薬品」の販売授与に関するものであった。

再び明治四十五年（一九一二）に提出された改正法案は久し振りに分業の実現を目標としたもので、その主文には、第四十三条二項の次に左の一項を加えるとして「在住人口五千に対し一ケの薬局を有する市には明治四十八年一月一日より第一項の規定（医師による調剤認可の特例）を適用せず」と書かれてあった。

しかし、議案は三月十六日の衆議院議事日程に上ったにもかかわらず、医師、薬種商の票数を党利にからめた政友会の党議による否決にあって、その目的を達することはできなかった。

綾部惣兵衛議員は政府に対して「医薬分業は明治維新以来の政府の基本方針であったはずであるのに、いまだに実施されていない。いつになったらこれを実施するつもりか」との質問を行った。しかし政府は議場では即答せず、文書によって「医薬分業はわが国の患者受療の実況に鑑《かんが》み、政府においては現在のところ法令をもってこれを強制する意志はない」と返答した。

かくして、明治二十二年（一八八九）に「当分の間」という語句を削られたままに「薬律」が公布されて以来、明治四十五年（一九一二）まで、世紀をこえて続けられてきた医薬分業の実質的な実現へ向けての薬律改正の運動は、政府からの文書による回答を得たことによって最後のとどめを刺され、挫折することになった。

以来、わが国では、診断から処方、調剤、服薬指導に至る医療行為のすべてを事実上は医師一人の裁量によって行うことになり、今日に至った。いわば、驚くべき早さで吸収し、身につけたドイツ医学の知識や技術という洋才を、わが国の長い歴史の中で培われてきた漢方医学の和魂の上に乗せ、わが国独自の医療体制をつくり上げるというわが国の医学の歴史づくりは、ここから始まったということができるだろう。

明治二年（一八六九）にいち早くドイツ医学の導入が決定され、一刻も早く西欧の医学レベルに追い付こうとする努力はさまざまなかたちで行われてきたのだが、少なくとも、ドイツから招かれて大学東校の初代医学教官となり、医療における薬学の重要性を説いたミュルレルの提言はいつの間にか消えた。

そう言えば、明治の初年に一身を賭してドイツ医学の導入を政府に提言した相良知安は、明治三十九年（一九〇六）に東京の芝神明町の裏長屋で誰も知らぬ間に七十歳の生涯を終えた。政府は正五位と祭祀料を贈ったが、それを知った長屋の人たちは誰もただ驚くばかりであったという。

また、「薬律」によってわが国の薬学の未来を決定づけるべく、その制定に心血を注いだ柴田承桂は、不本意な附則第四十三条を加えた法律の公布を機に、長与専斎の懸命の慰留を振り切って野に下った。その時、柴田はまだ四十歳の若さであった。その後の彼は、才能を惜しまれつつも一切の官職を嫌って自適の生活の中に生涯を終えたという。亡くなったのは明治四十三年（一九一〇）、享年六十一歳であった。

ヤシの油と卵白の傷薬

南蛮流医学の系譜

文明開化の意味

ベルツの言葉

現在では、一般に明治維新は日本を近代化に向けて解放し、現代の日本を産み出すさまざまな繁栄の要件をつくり上げるきっかけになったと評価されている。それにしても、長い歴史の中で培われてきた文物、習慣を一挙に振り捨てて、突如としてもたらされた西欧のそれに合せて「文明開化」を進めていくということは、言葉でいうほどに容易なことではなかったはずである。その方策のために、明治政府は近代国家の建設を旗印に、それまでの〝非科学性〟からの脱却を計り、旧幕時代の一切を否定した。政府は文明開化への道を切り開いていくことを至上の目標とした。文明開化とは、一口でいうと文化が開け、ある水準をこえて知識や技術の進んだ社会をつくるということになるのだろうが、その社会の変化には、本来的には物質的な進歩だけでなく精神的な向上が確実に併行しなければならないはずである。

また、文化とは、一般には自然に働きかけて、技術を通して人類の一定の生活目的を達成させるために役立たせる努力であると定義される。しかし文化の対象はいわゆる自然科学だけではなく、芸術、思想、宗教、法律などを含む人間としての精神活動の所産が、技術的活動の産物と同様に含まれなくてはならない。

「文明開化」の方法論としては、最も容易な方法の一つとして先進国のいずれかにモデルを求め、それを追うかたちをとることができる。明治政府はその方法をとった。近代医学のモデルをドイツに求めたのはその一例であった。しかし、この方法には近代化への文明開化を急ぎすぎるあまりに、物事を巧みに行う技としての技術の移入には成功しても、その根底にあるはずの知識体系、あるいはそれらを獲得するための精神的基盤としての科学の導入を忘れてしまう危険性が往々にしてつきまとう。

明治九年（一八七六）に来日して東京医学校（大学東校）に勤め、以来二六年にもわたって内科学を教えたエルウィン・フォン・ベルツは、明治三十四年（一九〇一）、いよいよ教壇を退こうとする前年に開かれた在職二五年を祝う記念会の席で、次のような発言をしている。

明治政府はここ三〇年ばかりの間に西洋の各国から多くの教師を呼び、教えを受けた。彼らは熱心に科学の精神をこの国に伝えようとした。しかし日本人が受け取ったのはすでに実った果実だけであった。外国人教師は日本の土壌に種子をまき、樹を育てようとしたのに果実の切り売りをする人としてしか扱われなかった。樹は正しく育てられればいくらでも果実をつけるが、切り売りされた果実は食べられるだけでは育たない（トク・ベルツ編、菅沼竜太郎訳『ベルツの日記』）

それは、成果だけを受け取り、成果を生み出した精神を学ぼうとしないのでは科学は育たないという批判の言葉だったのである。

明治四年（一八七一）に、最初のドイツ人医学教師としてミュルレルとホフマンが来日して以来、三〇年もの歳月をへた明治三十五年（一九〇二）まで教鞭をとったこのベルツと、同時期に外科学を教えたユリウス・カルル・スクリバは、明治政府が招聘した最後のドイツ人医学教師としての役割を果たした人たちであった。それだけに、日本を去るに当たってベルツが述べた言葉のもつ意味は重い。私たち日本人が西欧諸国から受け取った近代化への道具としての技術の向こうにはそれをつくり上げた科学の精神があり、彼らはそれを育てるために長い年月をかけ、血のにじむような努力を重ねてきたのであった。ベルツは、私たち日本人がその精神を置き忘れて、技術を習得することのみに汲々《きゅうきゅう》としていたという事実を指摘したのである。

明治政府の陥った罠

福沢諭吉が明治期文明開化へのオピニオンリーダーとして重要な役割を果たしたことについては前にも述べたが、彼は明治二十四年（一八九一）十二月九日発行の『時事新報』に、医薬分業の重要性は認めながらもその実施を時機尚早であるとする反対論文を寄せている。その大きな理由の一つとして、彼は旧来の習慣を変えることの難しさを挙げている。医師自らが薬剤を扱ってきた長い習慣を変えることの難しさと、薬代によって支えられてきた医師の生活の破綻、あらためて診察料の他に薬代を支払う患者の負担を解決することの難しさを彼は説いた。

諭吉の反対論は世論に大きな影響を与えたと思われる。しかし、この論旨を見る限りでは、あの諭吉ですら文明開化の巨大な渦巻のまっただ中にいて大きな見落しをしていたのではないかと考えざるを得ない。それは、ベルツも指摘したように、果実を食べるという行為の向うにある、樹を育てる行為の大切さを見落し、種をまき、樹を育てるという科学的精神の重要性に言及しなかったことである。

日本が見習うことになったドイツ医学は確かに当時の世界をリードするレベルを誇り、見習うに足る内容を擁してはいたが、それは一朝にして完成したものではない。長い間の努力の結果、それなりの紆余曲折をへてつくり上げられたものであった。その歴史の経過の中で、彼らは、医学は医と薬とのそれぞれの領域に分化し、互いに協力しあい、点検しあい、評価しあった時にこそ、理想的な医療に到達できるということを確認し、その形をつくってきたのである。

一方、日本には漢方医学の歴史があり、漢方医がいた。決して医療がおろそかにされていたわけではない。しかし、明治政府は、維新が成立した明治元年（一八六八）の十二月七日には早々と布告を発し、「不学無術の徒猥《みだ》りに方薬《ほうやく》を弄《ろう》し生命を誤り候者往々不少《すくなからず》」として、旧来の医療のあり方に注意を喚起した。続いて明治七年（一八七四）には「医制」、十二年（一八七九）には「医師試験規則」、十六年（一八八三）には「医師免許規則及開業試験規則」等をたて続けに公布することによって、従来の漢方医の就業を禁止したのである。

じつは、諭吉の言った「医師が自ら薬剤を扱ってきた長い間の習慣」というのは、明治政府が否定した旧幕時代に、漢方医によって行われてきた習慣であった。したがって、ここには、一方で否定したはずの医療習慣を新しく取り入れた医療体制の上にかぶせようとする矛盾がどうしても見えてしまうし、その矛盾というのは、当時、福沢諭吉だけでなく日本を一刻も早く近代国家に近づけ、そのかたちを整えようとして躍起になっていたほとんどすべての人たちが陥った罠《わな》のようなものであったと考えることもできるだろう。

一般に政治体制を変革しようとする場合には、変革者は往々にして、自らのレーゾンデートル（存在理由）を明確にしなければならない。彼らはそのために前の時代のすべてを否定しようとする。明治政府もその例に洩れなかった。江戸期幕政時代のすべては、明治政府にとって否定の対象であった。旧来の文化は否定され、新しい歴史観が新しい国家体制の下につくられていった。しかし、「文明開化」の掛声に踊らされ、神仏分離の政策にのって馬鹿げた行動に走った人々がおり、多くの文化遺産を焼失したり海外に流失させたりしたことはあったとしても、いったん築かれた文明そのものはそう簡単に消し去ることはできなかったはずである。

明治維新は確かにわが国を甦らせ、現代につながる近代国家の建設に貢献した。しかし、現代の日本に残る少なからぬ歪みの原因も同時につくられたと考えざるを得ない。われわれはその意味でも明治に至るまでのわが国の文化的背景をもう一度見直す必要があり、明治という新時代がつくり上げられた事実を、その背景を通して理解する必要があるだろう。

和辻哲郎の鎖国論

かつてわが国を代表する知識人の一人として、和辻哲郎は、著書『鎖国』の中で、鎖国によって日本に悲劇がもたらされたと説いた。「一口に言えば科学的精神の欠如である。これは鎖国によってもたらされた日本の悲劇である」と断じた彼は、これを日本人の民族的欠点であるとし、日本民族は太平洋戦争の敗北によって「実に情けない姿をさらけ出した」と嘆いている。

わが国が国を閉ざした十七世紀から十九世紀にかけての約二五〇年の間は、ヨーロッパにおいては大航海の時代を経て諸国が世界の富を集め、また産業革命によって目まぐるしいほどの技術の進歩を為し遂げた時代であった。

こうした目覚しい展開がヨーロッパで進行していた二世紀半もの間、日本人は「悲劇をもたらす」ほどに眠り続け、何ら為すすべもなく時を過ごしていたために科学的精神を失ってしまったのだ、と和辻は言うのである。

ところで、日本にキリスト教を伝えるために一五四九年（天文一八）に来日したフランシスコ・ザビエルは、はじめて出会った日本人を「（キリスト教国以外の土地で）いままでに出会ったいかなる民族よりも優秀である」と評価した。

続いて一五六三年（永禄六）に来日したルイス・フロイスもまた、「並はずれて知識欲が旺盛で、理解力に優れ、生活面でも目立って進んだ文化をもつ国民である」と日本人を評価している。

この二人が出会った日本人は、日本が鎖国に至る以前の日本人であったが、このような高い評価を受けた日本人の優れた素質ははたして見せかけだけのものだったのか。日本人は、それほどに優れた素質をもちながら、本当に「情けない姿をさらけ出す」ほどに三〇〇年近くもの間を眠り続けてきたのか。

最近では、表面的には鎖国政策をとりながら、徳川幕府が諸外国の情報を集め、外国からもたらされる文物に強い興味を示していたことが知られるようになり、和辻の説を批判する意見が多くなった。

鎖国の向こうのヨーロッパ大航海時代

世界史的に見ると、ヨーロッパではまず十五世紀にイスパニア（スペイン）、ポルトガルがアメリカ、アジアへの進出を果たし、間もなく代わってオランダ、イギリスが台頭し、イギリスに主導された産業革命が起きる。

はじめ、ヨーロッパと東方《オリエント》との交渉、貿易を独占していたイタリアに代わって東方世界に向けて進出したポルトガルは、バスコ・ダ・ガマなどの活躍によって、アフリカ大陸を廻ってインド洋に進出し、ヨーロッパへの薬物と香料の輸送の道を確保した。

アラブの商人たちによって東方の地の果ての国々からイタリアに持ち込まれ、銀よりも高価に取引されていた胡椒《こしょう》をはじめとする珍貴な香辛料が、じつは南アジア一帯に自生する樹木の果実や葉や根であることを知ったポルトガル人たちは、たちまちインド、マラッカを占領し、東南アジアに進出した。

ポルトガル人によってアジア貿易に先をこされたイスパニアの人たちは、ポルトガル人とは逆に西方にその進出の方向を決めた。クリストファー・コロンブスが大西洋を横断してアメリカ新大陸に到着したのは一四九二年のことであり、以後、十六世紀から十七世紀にかけて、イスパニアは中南米の富の獲得をほしいままにする。キナ皮、コカ葉、タバコ葉、ヤラッパ根、コロンボ根などの薬物がジャガイモ、サツマイモなどとともにヨーロッパにもたらされたのはこの時期である。

こうして、それぞれに東と西を廻って未到の世界に進出し、それぞれに富を独占して栄えたポルトガルやイスパニアがしだいに凋落し、オランダやイギリスと交替した理由は単純ではない。しかし、大きな理由の一つが、ポルトガルやイスパニアが略奪と消費の政策に終始し、獲得した財貨を新技術の開発に投下しなかったことにあるという見方はある。たとえば、彼らが財貨の獲得のために利用した交換商品としてアジアに持ち込んだ毛織物はオランダ産やイギリス産であり、こうした需要の拡大をもとに、イギリスは十六世紀には毛織物や木綿の加工を主とする工業的生産システムを確立し、生産性の向上に成功している。結果的には、ポルトガルやイスパニアのアジア、アメリカへの侵略はオランダやイギリスのマーケットの開拓と産業革命による工業力の向上を助けたことになり、オランダやイギリスはしだいに国力を豊かにしていった。

ヨーロッパ医学の近代化

こういった情勢のなかで、ヨーロッパの医学もまた著しい変化を遂げていた。すでに十二世紀には存在したとされるイタリアのパドヴァ大学は、サレルノなどに続いておそらくは世界でも最古の大学の一つであり、とくに、一三九九年に独立し、十五〜十七世紀にかけて黄金時代を築いた医科のレベルは最高であった。十六世紀の半ば、この大学において外科、解剖学の教授であったアンドレアス・ヴェサリウスはガレノス以来の迷信的医学知識を打破し、人体解剖の知見に基づいた新しい医学理論を提出した。ギリシャ時代から中世を通じて長い間用いられてきたガレノスの医学理論には、じつは動物の解剖だけから得られた乏しい知識と迷信と想像に基づく多くの誤謬が含まれていた。

若くしてパドヴァ大学に留学し、イギリスに帰国したのちにジェームズ一世の侍医となったウイリアム・ハーヴェーは、人体解剖に関する知識と多くの動物の生体解剖の知見から一六二八年に血液循環の原理を発見した。さらに、オランダのヨハネスとザハリアスのヤンセン父子によって一五九〇年ころに発明された顕微鏡はアントニー・リューエンフェクによって改良され、リューエンフェクは血液中に存在する赤血球を発見した。イタリア人科学者マルセロ・マルピギは毛細血管の存在を確認し、ハーヴェーの血液循環説を裏づけた。

かくして、ヨーロッパでは、長い中世の暗闇を抜け、迷信と想像を含んだ旧来の医学を振り捨てて、実証に基づく新しい医学への道が切り開かれようとしていた。イギリスではトーマス・シデナムがペルーからもたらされたキナ皮の薬効をマラリアの治療に応用してすぐれた臨床医として名声を博したし、オランダではヘルマン・ブールハーフェが、やはり近代的な臨床医学理論を立てて実行した。わが国が西欧の医学を受け入れていく過程において、宇田川玄真《げんしん》の門下にあって緒方洪庵らを育て、蘭学教育に大きな役割を果たした坪井信道の著作『万病治準』は、ブールハーフェの著書を訳したものとして知られている。

フランスでは、フランソワ・マジャンディが薬物の作用を動物を用いて確かめようとする実験薬理学への道を開き、その教えを受けたクロード・ベルナールは師の方法論をさらに展開して、南米の矢毒成分として得られたアルカロイド、クラーレによる筋弛緩作用を証明するなどの結果をまとめて『実験医学序説』を著し、近代医学への扉を開いた。

牛痘《ぎゅうとう》にかかった乳搾り女は天然痘にかからないという話にヒントを得て、イギリスの外科医エドワード・ジェンナーが女の膿を少年に接種し、天然痘を予防できる事実を発見したという歴史的成果は有名であるが、実際には、予防接種を理論的に説明したのはフランスの化学者であり微生物学者でもあったルイ・パストゥールであった。

パストゥールは鶏コレラや羊や牛の炭疽《たんそ》病の病原菌を弱毒化し、これを用いて免疫を得る方法によって、ジェンナーが牛痘を接種したワクチンによる予防接種法を一般化した。パストゥールがつくった狂犬病ワクチンは、はじめて人間への接種によって予防と治療が行われたワクチンであった。が、これは一八八〇年（明治十三）になってからのことであった。

炭疽菌の発見者としてだけでなく、感染症成立の病因論を「コッホの三原則」として確立させたドイツの病理細菌学者ローベルト・コッホが活躍したのも、パストゥールとほぼ同時代のことである。彼は結核菌（一八八二年）、コレラ菌（一八八四年）などを発見して感染症治療への可能性に大きな一歩を踏み出した。

実際には、ウィーンの産科医イグナツ・フィリップ・ゼンメルワイスが、早くから産褥《さんじゆく》熱の予防のためには出産を担当する医師の手を消毒しなければいけないと主張していた。彼は担当医の手の消毒によって産褥熱の発生率を低下させることに成功した。しかし、彼の説は当時の医学界に受け入れられず、ゼンメルワイスは不遇のうちに精神を病んで死んでしまった。

イギリスの外科医ジョセフ・リスターが、手術の傷口の化膿を防ぐためにフェノールを利用し、好結果を得て発表したのはゼンメルワイスの死んだ年、一八六七年のことである。その年は、わが国ではまさに明治維新の前年にあたる。

近代薬学の勃興

その一方で、十七世紀は、ヨーロッパにおいて薬物の知識と技術についても新しい世界が切り開かれた時代であった。それまでの薬物には、悪霊に魅入られたために発病するとされた疫病の予防と治療を目的とした多分に呪術的な毒物や、あるいは何の役にも立たない代物が数多く含まれていた。しかし、十七世紀ヨーロッパの薬剤師たちは古代アレキサンドリア時代に発生し、中世アラビアで驚異的発展をみせた錬金術の技術から、加熱、冷却、蒸留、抽出などの操作を通じてしだいに化学を成立させ、その力を利用して、しだいに統制のとれた薬物調剤についての体系をつくり始めていた。たとえば、イギリスでは、ジョン・パーキンソンがチャールズ一世付きの薬剤師として活躍し、二八五〇種の生薬《しょうやく》を記載した処方集を出版した。ちなみに、『ロンドン薬局方』が出版されたのは一六一八年のことである。

十八世紀の末になるとさらに有機化学の進展は目覚ましく、その進展につれて生薬そのものを使用してきた薬学の世界は大きく変わった。はじめのうち、有機化合物は生物、つまり生命あるものの生気によってのみつくり出されるものであって、実験室での研究対象にはならないと考えられてきた。しかし、ヨーロッパ、とくにドイツやフランスの薬剤師たちは、かなり早くから生薬に含まれていて薬効の発現に関与する成分の存在に興味をもち、それら成分の分析に研究の矛先を向け始めていた。

一八〇三年には、時に二十歳のドイツの薬剤師フリードリッヒ・セルチュルナーが、阿《あ》片《へん》からモルヒネの抽出分離に成功した。この結果を端緒として、一八一七年には吐根《とこん》からエメチン、一八一八年には馬銭《マチン》木からストリキニーネ、一八二〇年にはキナ皮からキニーネ、一八二八年にはタバコ葉からニコチン、一八三一年にはベラドンナからアトロピンというように、十九世紀の前半の間に、後に医薬として重要な役割を果たすことになる化合物が、薬剤師を中心としたヨーロッパの化学者たちによって相次いで分離されていった。

　このように、新しい技術を利用して薬を製造する技術を身につけた人たちは、しだいに職能集団を形成し、薬局が出現し始めた。

　薬局とそこで働く職能集団の存在は、十一世紀から十三世紀ごろにはイスラム国家の版図の拡大にともなってヨーロッパに伝えられ、中世の終わりごろにはローマ、パリ、ロンドンなどの主要な都市にも薬局が設置されて、薬剤師が製薬と調剤の専門家としての業務を行うようになった。つぎつぎに開発されていく新しい医薬を安全に利用するために、医師のほかに薬の専門家による協力が必要であると判断した神聖ローマ帝国のフリードリッヒ二世皇帝が医薬分業を法制化したのは、一二四〇年のことであった。

　ドイツやフランスの薬剤師たちが、つぎつぎに薬用植物からの成分、モルヒネやキニーネ、あるいはアトロピンなどを抽出分離し、それまでの、植物そのものを生薬として利用してきた習慣から抜け出して化合物を医薬にし始めた実績は、こうした流れの上につくられたものであった。

　ちなみに、セルチュルナーがケシの蕾の乳液から調製された生薬、阿片の有効成分を抽出し、ギリシャ神話の眠りの神モルフィウスにちなんでモルヒネと命名した一八〇三年は、わが国では享和三年に当たる。第十一代将軍徳川家斉《いえなり》の時代であった。この年の七月にはアメリカ船が長崎に来航し、貿易を要求したとの記録が残されている。

日欧交渉のはじまり

鉄砲伝来のインパクト

おそらく、わが国に渡来して、はじめてヨーロッパ文化を伝えた外国人は、天文十二年（一五四三）に種子島《たねがしま》に漂着したポルトガル人である。それより先、天文十年にポルトガル船が豊後《ぶんご》（現在の大分県）に漂着したという記録はあるが、天文十二年の漂着はわが国に鉄砲を伝えた事件としてとくに有名である。彼らが携えてきたマスケット銃は種子島銃と呼ばれ、たちまちわが国に普及することになる。ポルトガル人たちの乗った船は王直という中国人の船で、中国から平戸に帰る途中で嵐にあって遭難し、種子島に漂着したのであるという。この王直なる者は平戸の領主松浦《まつら》鎮信《しげのぶ》の援助により密貿易や時には海賊行為を行いながら早くからポルトガル人とも接触し、平戸にもたびたびポルトガル人を帯同したことが知られている。このことは、当時も海外との交流は一部において行われ、時にはポルトガル人との接触さえ行われていたことを示唆するものと思われる。

種子島の藩主であった種子島時尭《ときたか》はすぐさま鉄砲二挺を購入し、家臣に命じて鉄砲と火薬の製法を学ばせたという。そしてこの製法は紀州根来寺《ねごろじ》の僧兵と堺の商人に伝わる。とくに堺の商人橘屋《たちばなや》又三郎はその製造法を身につけて堺に戻り、自ら製造した鉄砲を関西だけでなく広く関東にまで売りさばいたと伝えられる。

また、長浜の国友村《くにとも》（現在の滋賀県長浜市国友町）は鉄砲製造の中心として長く栄えたが、昔からこの村に多くいた刀鍛冶たちが時の将軍足利義晴《よしはる》の命を受けた管領細川晴元の指図によって鉄砲製造を始めたのは天文十三年（一五四四）二月であったと記録されている。そして、早くもその年の八月には二挺の鉄砲が将軍に献上されたという。このことを記録した『国友鉄砲記』はそれから九〇年も後に書かれたものだそうだが、ポルトガル人による鉄砲伝来の翌年にすでに近江の寒村で鉄砲製造が行われていたということは、にわかには信じがたい。

製鉄に関しては刀剣への需要もあって、和鉄の採取と精錬がかなり昔から行われていたとしても、銃身に用いられる鉄の冶金には銑鉄中の燐《りん》とさらには炭素分を除き、弾力をもつ特別な錬鉄が必要であったからである。

また、鉄砲に必要な黒色火薬は硫黄《いおう》、木炭に硝石《しょうせき》を混ぜるが、当時、硝石は中国、タイなどからの輸入にまかせるしかなく、火薬調整についても相当の知識と並々ならぬ努力を要したことが考えられる。

一方、鉄砲はそれよりも早くすでに中国を経由してわが国に渡来していたという説もあり、このあたりについての真偽のほどは定かではない。ちなみに、ポルトガル船は一五〇九年にはマラッカに、そして一五一六年にはすでに中国に達し、かなり早くからしきりにわが国の近海に出没していたことが知られている（奥村正二『火縄銃から黒船まで―江戸時代技術史―』、宇田川武久『鉄砲伝来　兵器が語る近世の誕生』）。

ともあれ、種子島漂着の二年後に再び日本を訪れたポルトガル人が、この時すでに堺、紀伊、九州の各地で鉄砲の製造がかなりの規模で行われたのを知り、驚嘆したというのは事実であったらしい。まさに、そののちに来日して日本人に接したフランシスコ・ザビエルやルイス・フロイスが、「並はずれて優秀な民族」と評価した当時の日本人の面目はこのあたりに躍如たるものがある。

ポルトガルを主とし、イスパニアあるいはオランダ、イギリスなどを含むヨーロッパ諸国との交易は、こうして鉄砲という衝撃的な武器の到来から始まった。この交易に積極的な姿勢を見せたのは織田信長という破天荒の武将であり、文化と同時に到来した新しい宗教である耶蘇《やそ》教（キリスト教）にまで興味を示した。これを忌避し、弾圧して宣教師追放令を発したのは信長の後を継いで天下人となった豊臣秀吉であったが、ともあれ、南蛮交易の時代は徳川幕府三代将軍家光によって完全に鎖国が行われた寛永十六年（一六三九）までほぼ一世紀近くにも及ぶ。

ヨーロッパからの文物

ポルトガルからは鉄砲だけでなく、ジャガイモ、カボチャ、パン、カステラ、ボウロ、コンペイトウ、ビスカウト（ビスケット）、アメンドウ（アーモンド）、ザボン、テンプラ、コップ、ビードロ（ガラス）などの他、数多くの食品、食器、家具、医薬品などがもたらされた。タバコがわが国に伝えられたのもこの時期であるが、当初タバコは医薬として認識されていた。

フランシスコ・ザビエルに次いで来日し、布教長となったルイス・フロイスが日本管区巡察使ヴァリアーノに送った覚書には、日本に持ち込まれ、日本人の興味を引いたポルトガルの帽子、ビロウド、羅紗《ラシャ》、モロッコ革を使った衣装、砂時計、眼鏡、砂糖菓子、蜂蜜、伽羅《きやら》、沈香《じんこう》など、珍奇な品の数々が書き連ねてある。

ルイス・フロイスはポルトガル人で、十六歳の時にイエズス会に入り、インドのゴアで聖パウロ学院に入学した。ここでフランシスコ・ザビエルと出会い、またザビエルの来日を決意させたという日本人パウロ・ヤジローにも会って、フロイスもまた日本での伝道の希望に燃えたという。フロイスの来日は永禄五年（一五六二）であり、ザビエルの来日より一三年あとのことになる。

来日後のフロイスは、三〇年にもわたって日本で生活を送る間に各地を旅行し、織田信長にも豊臣秀吉にも会っている。また、宣教師として多くの報告文書を書き、『日本史』の大著を残している。その中で、天正十三年（一五八五）に加津佐《かづさ》で書かれた小冊子は現在『ヨーロッパ文化と日本文化』（岡田章雄訳注）として翻訳され、あるいは松田毅一、E・ヨリッセン『日本覚書』として出版されているが、当時の日本文化をポルトガル人の目を通して観察している点で珍重すべき内容となっている。

たとえば「ヨーロッパでは医師が薬剤師に処方を書くが、日本では医師が自分で薬を届ける」、「われわれは瀉血《しやけつ》療法を行うが日本人は草による火の塊（灸）を用いる」、「われわれの間では真珠は装身のために使うが日本では薬を作るために搗《つ》き砕くより外には使われない」、「われわれは香料や薬は乳鉢《にゆうばち》や擂鉢《すりばち》で搗くが日本では銅製の舟型容器（薬研《やげん》）の中で両手で持った鉄の輪で砕く」など、医療に関するさまざまな興味深い事項についてもヨーロッパと日本との違いについて書き連ねている。

ワイン、ブランデー、オリーブ油

フロイスからの覚書にも記されたような多様な品目から選りすぐった土産物を揃え、天正七年（一五七九）に来日したヴァリアーノは、その翌年にフロイスとともに上京して織田信長に面会した。信長は硝子瓶《ガラスびん》入りの金米糖《こんぺいとう》を時折り口に運びながら、世界地図を前にしてヨーロッパから日本までの巡路や、宣教師の身分や、宣教の目的などを詳しくヴァリアーノに聞いたという。瓶入りの金米糖は、それまでにもフロイスがたびたび信長に贈っていたという記録があるので、よほど信長の好物であったにちがいない。

ワインも宣教師たちによってもたらされた。信長にも秀吉にも献上され、彼らはこれを珍酡酒《ちんた》と称して賞味した。チンタというのはポルトガル語のビニョ・チント、つまり赤ブドウ酒のことである。ビードロの盃で飲む真赤な酒には、当時の日本人はよほど驚いたに違いない。キリシタンは人肉を喰い生血を飲むという噂が流れた。

また、ポルトガル人たちは阿刺吉《あらき》酒（ブランデー）を飲んだ。この酒も原料はぶどうであったが、発酵したぶどう酒をさらに蒸溜してつくられた。アラキの語源は汗の意味をもつアラビア語のアラク（araq）であって、蒸溜によって生じた蒸気が凝結して受器の壁に汗のようにしたたってみえるところからつけられた名であるという説がある。また、一説には、インド原産のアレクナットというビンロウ属のヤシの一種、あるいはアラックサという植物の名に由来するというが、はっきりとはわからない。ちなみに、アラビア語のアラクはポルトガル語の蒸溜器を示すアラビク（alambique）となり、わが国に伝えられて江戸後期まで広く用いられた陶製の蒸溜器ランビキとして残されている。

阿刺吉酒は南蛮流の医師たちによって薬用にされた。温め、木綿布をこれに浸して創面を洗い、血を流し去るとともに消毒にも役立てた。そのあとはヤシ油やポルトガル油（オリーブ油）を塗り、傷口を縫合したあとをまた阿刺吉酒で洗い、卵白をヤシ油で練った軟《なん》膏《こう》を塗った木綿布で創面を覆った。

ついでに述べると、南蛮流外科では膏薬がよく使われている。基本的には青、白、黄、赤、黒のそれぞれの膏薬があり、青膏にはタバコ生葉の搾汁（緑青《ろくしょう》を加えたものもある）、白膏には塩化第一水銀（甘汞《かんこう》）と唐土《とうど》、白蠟《はくろう》、黄膏には松脂《まつやに》、黄蠟《おうろう》に黄柏《おうばく》、黄芩《おうごん》、黄蓮《おうれん》、赤膏には丹礬《たんばん》、キリン血がそれぞれ加えられていたという。

南蛮医学の伝来

伝えられたパレの外科術

ポルトガルからの宣教師は医学も伝えた。いわゆる南蛮医学である。鉄砲伝来から十二年をへた天文二十四年（一五五五）、肥前平戸に一人のポルトガル人ルイス・デ・アルメイダが上陸した。彼はインドのゴアを根拠地とし、貿易によって富を得た商人であったが、医学の心得ももっていた。しかし、平戸に上陸したアルメイダはすでに熱心な宣教師であり、彼の目的は貿易ではなくて、キリスト教の伝道であった。

アルメイダについては次のような話も残されている。フランシスコ・ザビエルが日本を去った後に明国《みん》での布教を決意し、いったんは戻ったゴアから再びディエゴ・ペレイラを船長とするサンタクルス号に便乗してマラッカまで来た時のことである。マラッカ要塞の司令官アルヴァロ・デ・アタイデはサンタクルス号の通過を認めず、改めてアルメイダを船長とし、自分の商品を積んで行くなら出港を許可するという横車を押した。

サンタクルス号は司令官の条件をのみ、ようやくマラッカの港を出て明国の上川島に着いたが、ここで乗り換えるはずの船がいつまで待ってもやって来ない。ザビエルは、海岸のあばら屋で四ヵ月もの間を迎えの船を待ちながら過ごしたが、ついに発病して、高熱に悩まされながらこの地で永眠した。一五五二年十二月三日であった。

食料も尽き、重病に苦しむザビエルを介抱もせずにあばら屋に置き去りにしたアルメイダが、後に宣教師として来日し、豊後にわが国で最初ともいえる病院を開設して数々の善行を重ねた信心深いアルメイダと同一人物であるとすると、どうにもイメージが重ならない。古川薫氏は『ザビエルの謎』の中で、同姓同名のアルメイダが存在したのかもしれないと推理している。

アルメイダは、日本には天文十二年（一五四三）にも貿易のために訪れたという記録があり、天文二十四年（一五五五）の来日は二度目である。前述したように、この時のアルメイダは貿易商ではなくて宣教師であった。ザビエルを置き去りにしたのとは別のアルメイダであったか、あるいは改心した信心深いアルメイダであったかはわからない。しかし、いずれにしても、天文二十四年に来日したアルメイダが私財を投げうって豊後府内（現在の大分市）に病院を設立し、外科医として活躍したことは確かである。また彼はわが国で最初の洋式の医学教育にもあたっている。

当時、豊後には領主大友義鎮《おおともよししげ》（宗麟《そうりん》）をはじめ大勢の熱心なキリシタンがいたが、この地方ではまだ貧困による嬰児の間引きが行われていた。アルメイダは、弘治元年（一五五五）に領主からイエズス会に寄進された土地に育児院を建設して乳幼児を引き取り、また乳牛の飼育を行って人工栄養による育児を指導した。一説には、この年に彼はイエズス会に入会したとも伝えられる。

アルメイダがわが国最初の洋式病院を開設したのは、弘治三年（一五五七）正月のことである。彼は病棟を内科、外科、らい病棟に分け、患者を収容した。ポルトガル医学、とくに外科学の臨床講義を開始したのは永禄元年（一五五八）ころとされ、アルメイダは手術をしながら外科の知識と技術を伝えることのできるバルコニーをつくり、外科手術の方法を公開したと伝えられている。しかし、内科的治療に関しては、彼は日本人医師による漢方医学を高く評価した。外傷その他の外科的治療を必要とする患者は外科病棟に収容し、アルメイダ自らが手術に当たったが、一般的な病状を示す患者は内科病棟に入院させ、日本人医師に診療をまかせた。アルメイダの病院に勤務した日本人医師としては、イエズス会のイルマン（修道士）であったパウロ・キヨゼンという人の名が伝えられている。

パウロ・キヨゼンは大和多武峯《とうのみね》の出身で、かつては密教の修行僧であったが、悟りを得られないまま健康を損ない、京都に出て朱子医学を学んだ。また漢方の古方も学び、医師として病人の治療にあたっていた。そのうちに、イルマンのロレンソから南蛮医学のことを聞き、豊後府内に来てアルメイダの門下にはいった。その時、キヨゼンの年齢はすでに四十歳をこえ、病身であったと記録されている。ロレンソは、もとは山口に住む琵琶法師であったが、のちにフランシスコ・ザビエルの教えに帰依し、日本人としてはじめてイエズス会に入会した人である。キヨゼンの没後は、やはり漢方医の山口出身のミゲル・内田トメーが後を継いだ。

アルメイダは、張仲景の『傷寒論《しょうかんろん》』に精通し、内科医として優れた手腕をもつキヨゼンやミゲル内田を信頼して内科病棟を彼らにまかせた。また、彼らが実行する漢方医学の内容が実証的であり、理にかなったものであることを認めて高く評価した。

アルメイダの外科的手術は近代外科学の父といわれるアンブロアズ・パレの技術を継ぐ

ものであった。パレはフランスのパリで理髪職人をしながら外科手術を身につけた。当時の医師の多くはキリスト教の修道士で、自分の手を血で汚すことはできないという宗教上の掟《おきて》に従い、傷の手当てや簡単な外科手術を理髪職人に下請けとしてまかせる慣しがあった。おそらくは散髪やひげ剃りなどで刃物を扱い慣れていたという理由によるのだろう。

パレは間もなく軍医としてイタリアに出兵し、そこで鉗子《かんし》を用いて体から弾丸を抜き出す手術の名手になった。創口の消毒にも真赤に焼いた鉄の棒を突っ込む当時の方法の代わりにテレビン油、バラ油などを混ぜた軟膏を塗るなどの工夫をこらした。

パレの著書『火縄銃その他の創傷の治療法』が出版されたのは一五四五年であり、この本はすぐさまオランダ語に訳され、ヨーロッパ各国でもてはやされた。パレはまた外科手術時に必要な止血についても独特の血管結紮《けっさつ》法を考案した。パレの銃創治療法に関する著書の刊行は一五四五年であり、その内容がたちまちヨーロッパ各国に広まったとすると、これがアルメイダを通して日本に伝わったことは十分に考えられることである。

ちなみに、長崎のオランダ通詞であり医師でもあった楢林鎮山《ならばやしちんざん》が『紅夷外科宗伝』を著したのは宝永三年（一七〇六）のことであるが、その内容は、おそらくはパレの著書のオランダ語訳本によると考えられており、そのことは挿画がそっくり写しとられていることによってわかるという。ただし、この書物の刊行は徳川吉宗による〝洋書解禁〟以前のことであったので、オランダ語の原著の名も原著者としてのパレの名もここでは表には現れていない。楢林鎮山は五十一歳のときに通詞を辞し、以来、医業に専念して楢林流外科の開祖となった。ちょうど将軍綱吉のころのことである。

こうしたパレの流れを汲むアルメイダの外科手術の効果は、たちまち京都にまで知れわたった。アルメイダが最も得意としたのは銃創の治療であったという。実際に彼は銃弾を体から抜き取り、消毒をほどこす術を日本の有力な武将に対してほどこし、全治させて見せたという（実際には弟子を派遣したともいう）記録が残されている。

アルメイダは、ポルトガルを離れる二年前に国王から外科医としての免許を受けたとされているが、東野利夫氏は、アルメイダは貿易商として活躍していた約七年の間、実際に外科医としての技術をどこで磨いたのかとの疑問に対して、ゴアの王立病院をその舞台としてあげ、しかも府内に建設した病院のモデルもゴア王立病院であったにちがいないと著書の中で述べている（『南蛮医アルメイダ　戦国日本を生きぬいたポルトガル人』）。

フェレイラ（沢野忠庵）が伝えた医学

南蛮医学を日本に伝えたもう一人の人物は、クリストヴァーノ・フェレイラである。一五八〇年にポルトガルのトーレス・ウェドラスに生まれ、十八歳でイエズス会に入会したこの人は、慶長十四年（一六〇九）に来日し、寛永四年（一六二七）からの五年間は宣教師としてイエズス会の日本管区長となるほどの活躍をしたのだが、折から幕府によるキリシタン禁教の体制は大変にきびしく、寛永九年（一六三二）には捕縛され、拷問にあって曹洞宗に転教してしまった。そして日本人女性を妻とし、日本に帰化して沢野忠庵《ちゅうあん》（または忠安）と名乗った。

数奇な運命をたどったこの人は、イエズス会士としてポルトガルを出る以前に医学や天文学を学んでおり、帰化してからは家族とともに長崎に住んでその教養を日本人に伝授した。とくに医学についてはヨーロッパ流の外科術を伝え、外科学のほかに本草学に関しても深い造詣をもっていたらしい。

その教えは西玄甫《にしげんぽ》を通して向井元升《げんしょう》に伝えられ、元升は承応三年（一六五四）に『紅毛《こうもう》流外科秘要』を著述して成果を結実させた。忠庵はポルトガル人であったが自身で長崎の出島におもむき、オランダ医学を学び、とくに新しい薬の知識を取り入れようとしていたと伝えられる。元升の門下には貝原益軒《えきけん》がいる。また前述の著作は嵐山甫安《ほあん》をへて幕府の医官として続いた桂川家に伝わった。嵐山の門人には桂川甫筑《ほちく》がいる。桂川はもともと森島姓を名乗っていたのだが、嵐山甫安が甫筑に「嵐山の下を流れ、末は大河となる桂川を姓として用いるのがよい」と言われて姓を変え、幕府に仕える外科の医官として栄えたという。とくに四代目の桂川甫周《ほしゅう》は、中川淳庵《じゅんあん》、杉田玄白や前野良沢《りょうたく》らとともに『解体新書』の訳出に参加し、奥医師、法眼に叙せられ、江戸蘭学の後継者の育成に尽くしたことで知られる。

つまり、江戸時代の中期から後期にかけてわが国の医学に強いインパクトを与えた西欧の医学は、いきなりオランダ医学によってわが国の医学に導入されたのではない。すでにポルトガル医学が十六世紀の半ばにわが国にはじめて渡来したポルトガル人たちにより、いわばヨーロッパ医学の原流として伝えられていたのである。南蛮流といわれたポルトガル医学は、キリシタン禁制とともにしだいに歴史の表面からは姿を消していくが、その内容は取捨選択を経ながらも後に続く紅毛流医学つまりオランダ医学の中に取り込まれ、形跡を残している。たとえば紅毛流の外科書に、南蛮流でよく用いられたヤシ油は紅毛流では使わずバラ油を使用されたなどとその違いを指摘されることはあっても、南蛮流外科はごく自然に紅毛流医学の中に融合して、かなり後世に至るまでわが国に残存するのである。南蛮流医学の原流は外科を中心としたオランダ医学隆盛の大河となったばかりでなく、漢方医学にさえも大きな影響を与えたと考えることができる。

南蛮流から紅毛流へ

ポルトガル人やイスパニア（スペイン）人が南蛮人と呼ばれたのに対して、当時の人々はオランダ人やイギリス人を紅毛人《こうもうじん》と呼んだ。おそらくは髪の毛や肌の色の違いによって区別をしたものと思われる。

南蛮文化許容時代の終わり

わが国とヨーロッパとの交流の窓口を開いたのは、天文十二年（一五四三）に種子島《たねがしま》に漂着したポルトガル商人たちであった。それから間もなくフランシスコ・ザビエルが天文十八年（一五四九）に来日し、イエズス会によるキリスト教の布教が開始された。キリスト教と同時に南蛮の文物と医学が伝えられたことは既述したとおりである。この南蛮文化導入の時代は約一〇〇年にわたって続いたが、その間にわが国の世情は激しく変化し、天正元年（一五七三）に室町幕府が瓦解してからは、戦国時代とも呼ばれる安土・桃山の時代をへて江戸幕府が成立するまで、めまぐるしい政権の交替があり、同時に外交政策も混乱した。その間に、南蛮文化許容の時代は、結局は豊臣秀吉によるキリスト教禁教の方針が打ち出され、天正十五年（一五八七）に宣教師追放令が発布されて終わる。

かつて、織田信長は石山本願寺の仏僧たちの横暴を嫌い、彼らへの牽制のためにキリスト教を利用するところがあった。あとを継いだ秀吉は、本願寺一向宗に対する信長の恐れと同じ恐れをキリシタンに対して抱いていたとも思われる。

折しも、慶長元年（一五九六）九月、マニラから生糸を積んでメキシコに向かったイスパニアの武装外洋帆船サン・フェリペ号が台風で遭難し、土佐の浦戸湾に漂着した。秀吉の命令で現地調査に向かった奉行増田《ました》長盛《ながもり》に対して、サン・フェリペ号の水先案内人はイスパニア国の強大さを誇らしげに世界地図の上で示し、宣教師がキリスト教を布教するのは軍隊派遣によってその領土を征服する前提なのだと放言した。これを聞いた秀吉はキリシタン布教の取り締りを決定的に決意したという。

別の説としては、イエズス会士たち、たとえばジョアン・ロドリゲスなどが、そのころ盛んに布教を開始したフランシスコ会士を追放するために讒言《ざんげん》したとも伝えられるが、いずれにしても、大砲を装備した外洋船と、そこに乗り組んでいた宣教師の存在は秀吉の警戒心を刺激し、キリシタンに対する彼の憎しみを爆発させた。

慶長元年十一月、これまでの比較的穏健なイエズス会の布教活動とちがって、日本の国情を考慮しない激しい布教活動を行ったために秀吉の忌諱《きい》にふれた六名のフランシスコ派宣教師と、二〇名の日本人キリシタンは捕えられ、長崎の西坂の丘で磔《はりつけ》の刑に処せられた。この事件は「二十六聖人の殉教」として歴史の上に刻まれたが、キリシタンに対する施策が、追放から処刑、殉教に変わった事実は大きな影響として残り、結局は、医学を含む南蛮文化のわが国への直接的な導入を終息させた。

世界の情勢もその間に刻々と変化した。ヨーロッパ諸国の勢力の均衡がイスパニア、ポルトガルからオランダ、イギリスに傾いていった経緯については既述したとおりである。

紅毛外科医カスパルの登場

ところで、ポルトガル人が追放され、平戸の商館が閉鎖されて長崎出島にオランダ商館が移されると、商館長とともに、ここにオランダ人医師が常駐するようになった。医師たちは初代のヘンセリングから次いでバリビエール、クラウセンと交代したが、クラウセン医師は商館長とともにはじめて江戸に参府し、三代将軍徳川家光に謁見している。次いで慶安二年（一六四九）に来日したのが、外科医スハームブルヘル・カスパルであった。このころ、日本とオランダの関係はブレスケン号事件やフィヤリョ事件の発生などによって一時期険悪となり、商館長の江戸参府は取り止めになった。

ブレスケン号事件というのは寛永二十年（一六四三）六月に起きた事件である。一隻のオランダ船が南部山田浦に漂着し、水と食料を要求した。要求に応じて水や食料を与えたところ、船長以下乗組員一〇名が無断で上陸した。一〇名は捕えられて江戸へ送られ、将軍家光自らが臨席して取り調べを行った。同じころ筑前梶目大島にもポルトガル船から秘かに宣教師が上陸して捕えられた事件があり、幕府はかなり神経質になっていた。

フィヤリョ号事件は、正保四年（一六四七）に起きた。ポルトガル船フィヤリョ号がバタビアでオランダ人の舵手や水夫を雇い入れ、オランダ船をよそおって日本に来航した事件である。すでに禁止されていたポルトガル船の来航にオランダが加担したということで、この年、幕府はオランダ商館長の江戸参府を許さなかった。

その関係を好転させるために、オランダ本国は日本に特使を派遣した。カスパルはその一行とともに来日した。江戸に到着した特使一行のうち砲手、伍長、それに商務員の三名が幕府の要請で江戸に残留し、砲術伝習を行うことになったが、カスパルの外科医としての名声を伝え聞いた幕府はカスパルにも江戸残留を命じ、医学伝習、とくに外科術の伝習を行わせた。通詞の役に当たった猪股伝兵衛は苦心してカスパルの手術の様子を観察し、また薬方を会得してカスパル流の外科を身につけた。

加須波留《かすぱる》流外科は、長崎でカスパルに師事した河口良庵、伊良子《いらこ》道牛などの門人たちにも引き継がれ、江戸前期における外科医療に大きく貢献した。河口良庵は元和六年（一六二〇）肥前松浦に生まれたが、浪人となった父とともに長崎に移り医学を学んだ人である。この地でカスパルの教えを受けたのち京都に移住し外科医として門下を育てた。伊良子道牛は楢林鎮山の門下で、蘭方医として宝暦八年（一七五八）にいち早く人体解剖を行った伊良子光顕の祖父にあたる。華岡青洲《はなおかせいしゅう》は、伊良子道牛の門下大和見水《やまとけんすい》・見立《けんりゅう》の系列にはいる外科医として外科技術を学んだとされる。

カスパル流の外科は、いわば南蛮流から紅毛流への転換の〝つなぎ〟ともいうべき、日本のオランダ医学の初期を飾る代表的外科の流派であると評価される。

カスパル流の外科がとくにもてはやされた理由は、キリシタン禁制とともに南蛮流外科が表向きにできなくなったことと、オランダ特使と一緒に来日したカスパルが、幕府の要請によって正式に伝えたのがカスパル流外科であったという事情が影響したものと推察される。何よりもしかし、当時わが国の医療を担っていた漢方医学では及ぶことのできなかった外科術の導入を可能にし、またさまざまな新しい医薬の利用法をもたらしたことが、その理由の最も大きな部分であったことは言うまでもない。

宗田一氏は『オランダ商館日誌』から江戸におけるカスパルの動向に関する記事を克明に拾い上げた結果、彼が井上筑後守政重（当時の大目付で砲術、医学伝習の企画者）の依頼によって幕府高官たちの治療のために商館からたびたび医薬品を取り寄せている記事があることを指摘している。薬品としてはミイラ（ミルラ、没薬《もつやく》のこと）、バルサモ（バルサム）、オオリヨ・テレメンティナ（テレピン油）、テリヤグン（テリアカのこと、解毒薬）、キリシタルンタルタリ（酒石）、ピリリ（ヒエラピクラのこと、解熱薬）などがあり、記録されたこれらの薬品名には、ポルトガル語を通じての当時の通訳による訛《なまり》が残ったのかもしれないと述べている（宗田一『渡来薬の文化誌―オランダ船が運んだ洋薬―』）。

以後、オランダ商館の医師たちによるオランダ医学が、特に傑出した医師としてのケンペル、ツュンベリー、シーボルトたちを通じてわが国に伝えられることになる経緯については引き続き次章において述べてみたい。

江戸城で踊ったケンペル

江戸期の洋才たち

オランダ商館の医師たち

ケンペルが踊った

鎖国のはじまりは江戸時代の初期、寛永十年（一六三三）に時の将軍徳川家光によって発せられた幕府の禁令によるのだが、「鎖国」という言葉ははじめから使われたわけではない。それから続く三年の間に海外への渡航、貿易がつぎつぎに禁止されてゆき、寛永十六年（一六三九）、ついにわが国は外国との交渉を完全に途絶する。鎖国はここに至ってはじめて完全に成立するのだが、実際には、鎖国という言葉のはじまりはそれよりもずっと後世になってからのことになる。エンゲルベルト・ケンペルの『日本誌』を翻訳したオランダ通詞志筑忠雄《しづきただお》がその第一章を「鎖国論」と訳出したのがこの言葉のはじめであったと伝えられる。享和元年（一八〇一）のことである。

戦国時代の武将として、はじめて天下統一に成功した織田信長のあとを継いだ豊臣秀吉は、すでに天正十五年（一五八七）にキリシタン禁教令を発し、十七年（一五八九）には宣教師追放令を発している。実際には、いわゆる鎖国政策への道はここから歩み出されていたと言ってよいのかもしれない。しかし、前にも述べたように、実際にポルトガル船の渡航を禁止してわが国が完全に国を閉ざしたのは寛永十六年（一六三九）のことである。それ以後、わが国は安政元年（一八五四）の日米和親条約に至るまで、世界との国交を閉ざすことになる。

「鎖国」を完成させたのは三代将軍徳川家光《いえみつ》であった。しかし、それより二代あとの五代将軍綱吉《つなよし》は、著書『日本誌』によって「鎖国」という言葉をひき出したケンペルに江戸城での謁見を許している。元禄四年（一六九一）のことであった。

ケンペルは長崎を出発してから二九日目の三月十三日に江戸に着き、三月二十九日に将軍綱吉に拝謁している。彼の日記（『江戸参府旅行日記』斎藤信訳）には、そのときの状況がほとんどあますところなく記述されている。謁見の席で、将軍は「ヨーロッパの医師はすでに長寿の薬を発見したのではないか」などと質問し、ケンペルは「どうすれば人間は高齢になるまで己《おの》れの健康を保てるか、という秘法を発見しようと、われわれ医者は毎日研究しております」と答えたりしている。この問答は、当時の将軍が健康や長寿に対して強い関心をもっていたことを示して面白い。

また、将軍は、最初はオランダ商館員たちの位置から正面のかなり離れた婦人たちの傍に坐っていたが、しだいに興をつのらせ、簾《すだれ》のうしろではあったがすぐ近くの横に移った。そしてケンペルたちに外套を脱がせ、顔をのぞき、その上、立ち上って歩いたり、跳ねたり踊ったり、歌をうたったり、はては酔払いの真似をさせたりした。ケンペルは商館長の代りに踊り、ドイツ語で恋の唄をうたった。「もちろん先方には少しの悪意もなかったが、絶えず不当な要求に応じながら二時間にわたって見物された」とケンペルは述べている。

ケンペルの日本観ともいうべき思想は、ここに引用した『江戸参府旅行日記』よりも、むしろ、先にその一部が志筑忠雄によって「鎖国論」として訳出された『日本誌』の一部（『廻国奇観』の中の第二部第十四章として『日本誌』に先立って出版された）に詳しい。これについては小堀桂一郎氏の『鎖国の思想　ケンペルの世界史的使命』（中公新書）に新しい翻訳があって詳しく読むことができる。

ケンペルは日本人の素質を高く評価し、「日本人は粗食、粗衣に堪えながら清潔、清楚な生活をしており、性格は温良で教養豊かな才幹を有し、重労働をいとわない」と述べている。また、「国家間の交易は生活、産業上の便益を求める必要があるときに行われるものであって、日本のようにその全てが満たされている状態において、敢えて他国からの侵略、戦争から身を守るための施策をとることは当然あってしかるべきである」と鎖国政策を評価した。

エンゲルベルト・ケンペルは、一六五一年、ドイツ、ハノーバーの近くで牧師の子として生まれた。幼時から秀才の誉れ高く、一〇ヵ国語にも及ぶ外国語に通じ、三十歳までに哲学、歴史学、医学を修めた。また、ストックホルムでの勉学中に語学力を買われてペルシャに赴任するスウェーデン大使に随行し、その途上にロシアにも立ち寄るなど、地理的見聞を広めている。

ペルシャでオランダ東インド会社の社員となったケンペルは、インド、スマトラを経て一六八九年の九月にジャワのバタヴィアに着いた。それからオランダ商館勤務の外科医として来日し、長崎の出島に到着したのは一六九〇年の九月二十六日のことで、将軍徳川綱吉に会ったのはそのまた翌年一六九一年の三月二十九日であったと記録されている。結果的には、彼は元禄五年（一六九二）十一月に日本を離れるまでの二年間に二度にわたる江戸参府を行っているが、その途上あるいは長崎に滞在中に、日本の歴史、地理、自然、産業、風俗などに関する情報を熱心に収集した。のちに、その情報が集大成されて彼の『日本誌』となったことはよく知られるとおりである。

ポルトガル船を焼き払ってまで外国との交渉を禁じ、以後二三〇年にも及ぶ鎖国を実施した徳川幕府の将軍が、それからわずかに五〇年ほどしかたたない時点でオランダ人たちを江戸城に呼び、謁見に及んでいるという事実は何を意味するのだろうか。

商館医たちの江戸参府

じつは、オランダ商館が平戸に設置されたのは慶長十四年（一六〇九）のことで、徳川家康がオランダに対して日本との通商免許状を交付したことによる。このとき、家康はイギリスにも同様の許可状を出しており（慶長十八年）、平戸にはイギリス商館も設置されたのだが、その後イギリスはオランダとの競争に負けて撤退した（元和九年）。その一方で、徳川幕府はポルトガルによるキリスト教の布教が日本に対する占領政策につながるとの危惧を強め、これを排除すべく前述のごとき鎖国政策をとったのであった。

幕府が平戸オランダ商館長の江戸参府を命じ、これを制度化したのは寛永十年（一六三三）のことである。寛永十一年（一六三四）には、幕府は長崎市在住のポルトガル人を隔離収容するために海岸に人工島を建設し、寛永十三年（一六三六）に、この長崎出島の完成をまってポルトガル人を集め、収容した。結局、寛永十八年（一六四一）にはオランダの平戸商館も閉鎖されて長崎出島に移され、以後、長崎の出島は日本と外国を正式に結ぶ唯一の拠点となって、歴代のオランダ商館長は、幕府の定めた制度に従ってこの長崎出島から毎年、のちには四年に一度、江戸参府を行い、世界（ヨーロッパ）の情勢を幕府に報告することになる。

ケンペル、あるいはケンペルに続いて来日したツュンベリー、シーボルトなどの商館付の医師たちがこの参府に随行し、彼らのもつ医学、薬学の知識や技術をわが国に伝えたことはもちろんであるが、前にも述べたケンペルの『日本誌』の例に見るように、逆に、彼らによってわが国の歴史、文化、自然、技術などに関する知識がヨーロッパに伝えられたことは、ヨーロッパの人々に大きなインパクトを与えた。

ケンペルに次いで、安永四年（一七七五）に来日したカール・ペーテル・ツュンベリーも、「日本の文明の程度はかなり高く、ヨーロッパ諸国に劣らぬ技術をもち、土地耕作を行って豊穣な農産物を産出し、産業が盛んである」と述べている。

ツュンベリーは一七四三年生まれのスウェーデン人で、ウプサラ大学で植物学をカール・フォン・リンネに学び、のち、オランダやフランスで医学を修めた。彼がオランダ商船に便乗して日本にやって来た本来の目的は、リンネの指示による植物の採集にあったとされ、事実、一年の滞在期間中に、彼は新種二一種を含む八一二種もの植物を採集し、同定、命名を行っている。現在、数多くの日本特有の植物の学名に Thunberg という命名者の名が見られるのはその業績によっている。

また、彼は滞日中に医学、特に外科手術の知識と手法を中川淳庵《じゆんあん》や桂川甫周《ほしゆう》に伝えている。ツュンベリーによる『日本植物誌』は世界的にも有名な著作であるが、この二人の名は植物の採集を助けた有能な日本人としてその序文に登場する。中川淳庵がのちに杉田玄白らと『ターヘル・アナトミア』を翻訳して『解体新書《かいたいしんしよ》』の刊行に参加し、また田村藍《らん》水《すい》や平賀源内らの企画による全国薬品物産会に協力して、わが国の本草学ひいては博物学の振興に貢献したことはよく知られるとおりである。

ツュンベリーは植物学者として日本の植物についての識見を養っただけでなく、江戸への参府旅行の道すがらに観察した日本および日本人についての記録を詳細かつ的確にまとめ、記述している（C・P・ツュンベリー『江戸参府随行記』高橋文訳）。

鎖国中にヨーロッパから日本を訪れた「出島の三学者」のもう一人として、フィリップ・フランツ・フォン・シーボルトの名はおそらくわが国では最もよく知られていると思われる。彼の来日は文政六年（一八二三）のことである。彼は在日中に日本人女性を妻とし、出島を出て長崎市内の鳴滝に塾を開き、大勢の弟子を育てている。それにしても、江戸時代も終わりに近づき、四五年後には明治維新による開国の時が迫っていたとはいえ、歴史的には日本はまだ鎖国の中にいたはずだが、この時すでに、日本の蘭学は最盛期を迎えようとしていたことになる。

つまり、徳川幕府は外国との一切の交渉を断ち、国を閉ざしたかのように見えながら、じつはオランダとの貿易という窓口を利用して、世界の情勢を入手し続けていた。オランダ商館長の江戸参府は、前にも述べたように初期には毎年、シーボルトのころには四年に一度行われる制度として設定されたが、これはたんなる将軍へのご機嫌伺いのためだけでなく、国際情勢を幕府に伝えるためでもあったとされる。オランダ商館長からは、早くも一六四四年ころには世界の情勢についての報告書である「オランダ風説書《ふうせつがき》」が幕府に提出されていたと伝えられる。したがって、鎖国の中にあっても、幕府の中枢はある程度のヨーロッパ情勢や商館長の見聞による東南アジア情勢を把握していたと見るべきであろう。

徳川幕府の政策は、基本的には文化、文明の進展についてはある程度は各藩、諸大名による裁量にまかせ、各地域に独特な〝個性的〟ともいえる文化の展開を許していたが、外交と軍備についてはかなり厳しい制限を加え、とくに外交政策については一切を幕府の独占とし、個人はもちろんのこと、各藩においても外国との交渉を禁止した。これが「鎖国」の実態であった。

したがって五代将軍の徳川綱吉は、ケンペルと面接をしてヨーロッパに対する関心を自ら質問したりしているし、八代将軍徳川吉宗はさらに進んで、いわゆる〝洋書の解禁〟に踏み切っている。しかし、一切の外国事情は幕閣の外へは洩らされることがなかった。

オランダ通詞が果たした役割

当時、オランダ商館員たちのオランダ語を通訳あるいは翻訳する役割を果たすために通《つう》詞《じ》と呼ばれる役職があった。享和元年（一八〇一）に『鎖国論』を翻訳した志筑忠雄もオランダ通詞の一人であった。語学に堪能というだけでなく、彼ら通詞はオランダ知識を日本に伝える窓口担当者でもあった。しかし、そのほとんどは世襲によって親から伝えられていた通訳の〝技術〟をもってオランダ通詞の役割を果たしていたので、したがって、彼らの立場は、オランダ語の習得を通じて学者として専門知識を学ぼうとした青木昆陽《こんよう》などの立場とは異なるものであった。

とは言っても、オランダ通詞の中にも、たとえば吉雄耕牛《よしおこうぎゅう》のように通詞の家に生まれ、幼時からオランダ語会話を仕込まれながら自ら医学の原書研究に専念し、診断術としての検尿法を導入するなどの功績を残した人はいる。耕牛は数多くの医学書を入手しては翻訳を行い、その内容を深く研究した。彼の教えを受けた人の中には平賀源内、前野良沢、桂川甫周、中川淳庵、杉田玄白など、その後の蘭学を背負って立つ錚々《そうそう》たる学者たちが名を連ねている。

青木昆陽《こんよう》が吉雄耕牛と知り合ったのは寛保二年（一七四二）のことで、耕牛は昆陽にオランダ語を伝える一方で、昆陽を通じてオランダ語原書講読の許可を幕府から得ることができたと伝えられている。ちなみに、昆陽が知っていたオランダ語は四〇〇語しかなかったといわれるが、『前野蘭化《まえのらんか》』の著者、岩崎克巳氏は、その言い伝えは誤りであり、昆陽が一〇〇〇語以上のオランダ語の語彙を修得していたことは彼の遺稿によって明らかであると述べている。彼はこれを前野良沢（蘭花）に伝えてオランダ語の手ほどきをした。良沢がさらに長崎でオランダ語を学び、江戸に戻って『解体新書』の訳出に大きな役割を果たしたことについてはよく知られているとおりである。

江戸のオランダ本草学

華岡青洲の麻酔薬

これまでみてきたように、少なくとも江戸時代中期以降におけるオランダ医学の隆盛には目を見張るものがあり、われわれはその成果の一つを、たとえば華岡青洲《はなおかせいしゅう》の通仙散《つうせんさん》による全身麻酔下での乳癌摘出手術の成功に見ることができる。

華岡青洲という外科医は宝暦十年（一七六〇）に紀州、今の和歌山県の医師の家に生まれ、京都でオランダ外科を学んだ後に帰郷し、郷里・和歌山で家業を継いだ。今では有吉佐和子『華岡青洲の妻』によって知らぬ人はない。彼は通仙散を自らの母於継《おつぎ》と妻加恵《かえ》とに与えて実験を繰り返すことにより、大和五条の藍屋利兵衛の母勘《かん》（六十歳）に対して世界ではじめて麻酔下における乳がん摘出手術に成功した。文化二年（一八〇五）十月十三日のことであった。そのさいに母と妻が争うようにして実験への協力を申し出て、ついには妻加恵は薬のために失明するという話が有吉氏の小説のあらすじであった。

通仙散の主薬は、曼陀羅華《まんだらげ》であった。詳しく言えば、曼陀羅華八分に草烏頭《そううず》二分、白芷《びゃくし》二分、当帰《とうき》二分、川芎《せんきゅう》二分を細かく砕いて混ぜ、熱湯に投じてよく抽出した後にかすを除いて飲む。これが通仙散の用い方である。この液を温かいうちに飲むと、二〜四時間で昏睡し、人事不省になると書物には伝えられている。ちなみに、草烏頭とはトリカブトの根の乾燥品で主成分としてアコニチンを含む。

一方、主薬の曼陀羅華（チョウセンアサガオ）という植物はわが国の原産ではなく、熱帯アジアを原産とする。同属のヨウシュチョウセンアサガオ、シロバナヨウシュチョウセンアサガオ、キダチチョウセンアサガオは南アメリカを原産とすることが知られている。したがって、青洲が考案した通仙散は、古代中国の名医とうたわれた華佗《かだ》の創案によるという麻沸散《まふつさん》を原形にしたとはいわれながら、伝承的な漢方薬でなく、むしろ江戸期になってから日本に伝えられたオランダ医学を利用した処方であったと考えられる。たとえば、野呂元丈《のろげんじょう》の訳によるドドネウスの『和蘭陀本草和解《おらんだほんぞうわげ》』は寛保三年（一七四三）に、また宇田川槐園《かいえん》の訳によるニーランドの『泥蘭度草本略《おらんだそうほんりやく》』は寛政二年（一七九〇）ころにすでに出版され、曼陀羅華は人の知覚を奪って眠らせるのに用いられる薬草であるという内容が記述されている。このドドネウスの著書は、平賀源内も大きな評価を寄せて、自らがその翻訳出版を成し遂げると広告した（実際には果たせずに終わった）書物である。したがって京都で蘭学を学んだ青洲がその記述に目を止めなかったはずはない。

また一説によると、京都時代の青洲の先生であった大和見立《やまとけんりゆう》と近い位置にあった大西晴信という医師は、その師花井仙蔵とともにオランダ薬方に詳しく、すでに花井・大西の麻酔薬処方なるものをもっていたという。その処方には、やはり曼陀羅華と烏頭が用いられており、それを酒に浸して患者に飲ませたと伝えられている。しかし、彼らによってこの処方による全身麻酔と、麻酔下での外科手術が行われたかどうかについては分からない。いずれにしても、通仙散が中国から伝えられ、わが国でも整骨用麻酔に用いられていた処方にオランダ医学の知識を加え、改良されたものであったことは確かである。

野呂元丈のオランダ本草

ドドネウスの『和蘭陀本草和解』を日本語で書いた野呂元丈は元禄六年（一六九三）に伊勢立ヶ谷村の波多瀬に高橋善太郎を父として生まれた。二十歳で叔父野呂三省の養子となり、医業を継ぐために京都へ出て山脇《やまわき》東洋《とうよう》の父道立《どうりゅう》について医学を学ぶかたわら、伊藤仁斎《じんさい》の門下並河天民《なみかわてんみん》に儒学を、そして稲生若水《いのうじゃくすい》に本草学を学んだ。本草学とは今日でいう薬用植物学あるいは薬用資源学にあたる。

若水の著書『庶物類纂《しょぶつるいさん》』の中断を惜しんだ八代将軍徳川吉宗が、若水の弟子丹波正伯《にわせいはく》に続篇の監修を命じ、正伯が各地物産の調査に従事するようになったのに応じて、同門の弟子であった元丈は正伯に招かれ、行動をともにして箱根の植物採集を行った。以来、元丈は幕府に取り立てられて精力的に薬草調査を行うようになる。彼の調査は吉野、熊野、加賀の白山から立山、妙高、佐渡、さらには日光、富士、伊豆大島などの広範にわたり、対象も高山植物から離島の植物にまで及んだ。

元文四年（一七三九）には、元丈は功績を認められて将軍吉宗への拝謁を許され、御目《おめ》見《みえ》医師となった。そして寛保元年（一七四一）には、吉宗の命により阿蘭《オランダ》本草御用として ヨンストン著作になる『動物誌』の和訳に取り組むことになった。ヨンストンの『動物誌』も、ドドネウスの『植物誌』も、実際にはもっと早く、たとえばドドネウスの『植物誌』は万治二年（一六五九）にオランダ商館長ワーヘナルによって、またヨンストンの『動物誌』は寛文三年（一六六三）に商館長インダイクによって、時の将軍徳川家綱《いえつな》に献上されたものであるとされる。しかし、オランダから献上された書物はそのほとんどが幕府の書庫の奥深くに収納されて人目に触れる機会がない。吉宗はかなり積極的にオランダの文物に学ぼうとする意識が強く、書庫に眠るオランダの書物にも興味をもったと思われる。

とりわけ、馬術が好きな彼の興味を引いたのは、ヨンストンの著書に見られた見事な馬の挿絵であったと伝えられる。吉宗はオランダ商館長の馭者《ぎょしゃ》として江戸参府に随行してきたケイズルという馬術者が大いに気に入って、御浜御殿内に宿舎を与え、一一年もの間日本に滞在させたというエピソードが残されている（木村陽二郎『日本自然誌の成立　蘭学と本草学』）。

元丈は商館長ウェイエンについて江戸に来た医官の外科医ムスクルス、書記のブリノルらにヨンストンの書物にある記述の内容について質問し、大通詞吉雄藤三郎の通訳によってこの書物の日本語版『阿蘭陀禽獣虫魚図和解』を作成した。本書には動物八一種についての記述が含まれている。

この書物には、しかし、薬用に役立つような記述はない。そこで元丈は次の年からはドドネウスの書物についての『和解』作成の作業を開始した。この作業は八年にわたって続けられ、一一三種に及ぶ植物が取り上げられたが、寛延三年（一七五〇）で中止された。理由はその翌年に吉宗が死去したためであるとされる。

この間に、もちろん商館長、医官、通詞たちは交替していたが、元丈は彼らに質問をくり返しては、通詞の説明に自らの学識を加えて日本語版を作り上げていった。したがって、後に杉田玄白の『蘭学事始《らんがくことはじめ》』等を通じて彼自身がオランダ語を修得して『本草和解』を作ったがごとく伝えられたのは間違いである。

蘭学の始祖　青木昆陽

野呂元丈にくらべると、同時代に江戸にいて、元丈が御目見医師となったのと同じ元文四年（一七三九）に幕府の御書物用達（十人扶持）となった青木昆陽は、特別に幕府の命令によったのではなく、自らの興味によって幕府の許可を得てオランダ人に近付き、オランダ語の学習を始めて、蘭学の開祖となった人である。この点に関しては、通詞たちがオランダ語の会話を会得し、通訳を生業として理解していた事情とも異なる。

前野良沢が青木昆陽についてオランダ語の学習を始め、後に『解体新書』の訳出に大きく寄与したことは前述したとおりであるが、杉田玄白が『解体新書』の著者として『蘭学事始』を著し、そこに野呂元丈と青木昆陽がともに将軍の上意によってオランダ人に同道して江戸に来た通詞からオランダ語を聞き取ったが、「二五文字を書き習い給いしのみであった」と述べているのは前述したように誤りである。

昆陽はオランダ語学習の結果を必ず幕府に報告した。こうした報告を基に昆陽が残した書物に、サツマイモの栽培研究の成果に関する著書『蕃藷考《ばんしょこう》』に加え、『和蘭文字略考』『和蘭話訳』などがある。前野良沢は昆陽の『和蘭文字略考』を基に『和蘭訳筌《やくせん》』を書いた。また良沢のオランダ語は大槻玄沢《おおつきげんたく》に伝えられ、大槻は『蘭学階梯《かいてい》』を著した。この本は天明八年（一七八八）に公刊されて蘭学の展開に大いに貢献した。青木昆陽が蘭学の祖といわれるゆえんである。

ドドネウスの『植物誌』については、野呂元丈の『和解』よりも二〇年ほど後になって平賀源内が田沼意次《おきつぐ》の援助を受け、大通詞吉雄耕牛《よしおこうぎゅう》に翻訳を依頼して七巻からなる訳書が作られたという説がある。平賀源内がドドネウスを高く評価し、その翻訳を広告したことについては前にも述べたが、源内が実際にドドネウスを購入した記録は彼の蔵書目録に記されており、また彼の著書『物類品隲《ぶつるいひんしつ》』にはドドネウスからの知識が引用されている。しかし、現在まで残されている『独々匿烏斯本草《どどねうす》』などが、その訳書の一部であるという説には否定的意見が多い（矢部一郎『江戸の本草　薬物学と博物学』）。

ドドネウスの『植物誌』は平賀源内だけでなく、当時の多くの蘭学者に注目され、利用された。華岡青洲も麻酔薬・通仙散の考案に当たってはその知識を利用している。後に、この書物の価値を重く見た老中松平定信《さだのぶ》はオランダ通詞石井庄助に翻訳を命じたが、石井が病気になったために作業は大槻玄沢の紹介で吉田正恭《まさやす》に引き継がれ、文政六年（一八二三）のころに一七〇冊をこえる訳稿が完成した。しかし残念なことに文政十二年（一八二九）三月の江戸大火によって焼失し、一部が『遠西（濁度涅烏斯《どどねうす》）草木譜』として版木の一部とともに早稲田大学図書館に残されているだけであるという。

江戸に出た平賀源内

平賀源内は享保十三年（一七二八）に讃岐高松藩の蔵番白石茂左衛門の子として志度浦《しどうら》で生まれた。幼時から異才を発揮し、酒を供えるとその重みで顔の部分に裏打ちした白紙が引っぱられ、赤紙が透けて絵の中の天神が顔を赤らめる、お神酒《みき》天神のからくり掛け軸を考案して天狗小僧と呼ばれたりした。

父の茂左衛門は一人扶持の藩の小吏で身分は足軽以下の蔵番であったが、もともとは平賀姓を名乗る武将を元祖にもつ資産のある農家で、生活には困っていなかったもののようである。そのためか、源内は早くから儒学や医学を学び、またとくに、遠い親戚に当たる三好喜右衛門（福岡官兵衛）の許に出入りをして本草学を学んだ。この人は源内より四歳半の歳上であったが、家が裕福であったために若い時に京都に遊学し、本草に関する多くの書物を所蔵していた。源内は彼から多くを学び、またその生き様にも大きな影響を受けたと思われる。

源内は俳諧にも非凡な才能を発揮した。志度浦の俳句の会に誘われてその仲間に入った源内はたちまち頭角を現し、またその会の中心にいた地元の酒造家で豪商の宇治屋渡辺伝左衛門の養子三千舎桃源《みちのやとうげん》と親交を結んだ。以来、桃源は源内の生涯を通じての理解者となる。ここで発揮された源内の才能と、俳諧によって培われた文学的素養は、後に彼が活躍する戯作者としての道にもつながるし、また、俳諧仲間を通じて全国に広げられた人間関係のネットワークは、源内がおそらくは畢生の大事業として力を注いだ薬品物産会に、日本全国からの産物を集めるのに役立ったものと思われる。いずれにしても、平賀源内の非常なる多才の素質はすでに若年のころから発揮されていたと見ることができる。

寛延二年（一七四九）に父茂左衛門が没し、源内は三男であったが二人の兄が早世していたため後を継いで蔵番となった。このころから彼は平賀姓を名乗ったらしい。

ここでまず彼の本草学の知識が役に立つ。高松藩主松平頼恭《よりたか》は以前から大変な本草好きの殿様として知られていたが、そのころ、藩では現在は栗林公園として高松市内に残る庭園に薬園を移し、多種類の薬草を集めて栽培していた。源内はこの薬園の世話係として取り立てられた。源内はしだいに頼恭の目にとまり、やがて、蘭学の師であった久保桑閑《そうかん》の長崎行について長崎へ行くことを許されることになった。宝暦二年（一七五二）であった。源内の身分では、通常は許されない御沙汰であったと言ってよい。

　ここで源内の好奇心は一気に爆発した。彼は伝手《つて》を求めて大通詞吉雄耕牛を訪ね、オランダ商館を通して移入されたさまざまな文物に触れた。中にはオランダから輸入された薬物もあったし、オランダ本草の書物もあった。またオランダ作りの器具もあった。約一年の滞在の後に高松へ帰った源内は、量程器や磁針器、水盛器（水準器）などを作製して人々を驚かせるが、これらは長崎で見た実物の機巧を見破り、真似て作ったものであった。

　宝暦四年（一七五四）に、源内は蔵番を辞職し、妹に婿養子を得て家督を譲ると、自らは江戸に出る決意を固めた。そして翌々年の三月に、俳句の友渡辺桃源らと連れ立って志度浦を発った源内は摂津の有馬温泉に行き、そこで友人たちと別れて、大坂で本草学に詳しい医師戸田旭山《きょくざん》のもとにしばらく滞在し、またしばらくのちに江戸へ向った。江戸には六月に到着し、本草学者田村藍水《らんすい》の門に入った。

田村藍水は享保三年（一七一八）に江戸で生まれた。十五歳で医学を学び、のちに幕府医官に任ぜられたが、阿部将翁《しょうおう》に本草学を学んでからは医師というよりはむしろ本草学者として活躍した。藍水の第一の功績は薬用人参の栽培である。

第十五代将軍吉宗のころ、朝鮮半島から輸入されていた薬用人参（朝鮮人参）は娘を身売りしてまで入手するという程に珍重され、異常なまでの高値を呼んでいた。そこで吉宗は薬用人参の人工栽培を幕府に命じ、いろいろと試行するうちに、対馬藩から献上された種子六〇粒の日光の試験栽培場における発芽、生育に成功した。元文二年（一七三七）、かねてから薬用人参の研究に力を注ぎ、『人参譜』（元文二年）などの著作もある田村藍水は、こうして得られた人参の種子二〇粒を幕府から下賜され、自らの手で人参栽培の研究を実施した結果を基に『朝鮮人参耕作記』や『参製秘録』などを執筆し、薬用人参の栽培、調製の全国普及に貢献した。

全国薬品会の開催

田村藍水のもう一つの功績は、わが国ではじめての薬品会（物産会）の開催にある。宝暦七年（一七五七）に、藍水は江戸本郷の湯島で出品物約一八〇種を集め、自らが会主となって薬品会を催した。この会の開催は、じつは藍水の門下に入った平賀源内の提案企画によるものであった。

第二回は翌年の宝暦八年（一七五八）に再び田村藍水を会主として開かれた。藍水は第一回と同様に一〇〇品目を出品している。その翌年の宝暦九年（一七五九）には、第三回の薬品会が藍水を名目上の会主として開催されたが、この会では藍水と源内がそれぞれに五〇品ずつを出品し、実質的な運営はすべて源内によって行われた。第四回は藍水門下の松田長元を会主として宝暦十年（一七六〇）に市ヶ谷で開催され、第五回は再び湯島に戻って、平賀源内が名実ともに会主となって宝暦十二年（一七六二）に開かれた。

この会に対する源内の意気込みはこれまでとは違っていた。出品する品目はこれまでのように藍水が自宅の庭に集めた植物や源内の手持ちの薬物を持ち寄るのではなく、源内は全国の同志に引札を配り、檄《げき》をとばして、地方の物産、本草家個人の所蔵品等の出品を呼びかけた。それらの出品物を集めるために、源内は全国二五ヵ所に諸国物産取次所を設けた。こうした彼の活動を助けたのは、俳諧を通じて源内（俳号は李山）の名を知る各地の知己であった。こうして集められた品目は一三〇〇種をこえた。

この薬品会に源内自身が出品した品目の中に、伊豆産朴消《ぼくしょう》と、それを精製して作った芒消《ぼうしょう》（硝）があった。硫酸ナトリウムの結晶で利尿薬である。採薬のために伊豆に派遣してあった下僕から送られた数点の採集品の中に、源内は朴消を発見した。これまでは中国産しか知られておらず、源内が国産品を求めて下僕にその性状を説明し、発見次第採集するように教えていたものであった。驚喜した源内は結果を藍水に伝え、藍水は幕府に報告した。その結果、源内は勘定奉行一色安芸守から公務として伊豆への出張を命ぜられた。

源内が伊豆へ向かったのは宝暦十一年（一七六一）十二月のことで、第五回薬品会の数ヵ月前である。彼は直ちに田方郡上船原村におもむき、船原温泉の湯元の石の上に霜のように付着していた朴消を発見し、採集した。そしてこれを精製して数日の間に芒消の結晶を作り上げた。こうして、はじめての国産品として得られた芒消は、源内から田村藍水を通して幕府に献上された。

源内が藍水を動かして開催し、後には自らが主催することになった薬品会は、いわば、世界各国が産業の振興を目的として開催していた博覧会のはじめての日本版であったと言うことができるだろう。

非常の人源内の非常の死

宝暦十三年（一七六三）に、彼はそれまでの五回の薬品会に出品された薬物から三六〇種を選び、同定した結果をまとめて『物類品隲《ぶつるいひんしつ》』全六巻を出版した。ここには外国産の物品も数多く記載されており、当時すでにかなりの薬物が外国からもたらされていたという実状を計り知ることができる。と同時に、源内は外国産であっても国産で該当するものがあればその名を挙げ、また国産に相当する外国産についてもその関係を明確にした。挿画にもドドネウスの『植物誌』やヨンストンの『動物誌』やスウェルツの『紅毛花譜』などオランダ本の挿画を写しており、随所にオランダ人から聞いた知識が解説されている。たとえば巻一の最初の記述は水部の薔薇《そうび》露《ろ》である。『本草綱目』に記載があり、和名をバラノツユというと説明した後に、紅毛語ローズワアトルとし、紅毛人は刺棘《ばら》あるものをローズといい、ワアトルとは水であると説明している。そしてばらの花をランビキ（蒸留器）を用いて水蒸気蒸留することによって得ることができると解説を加えている。

もう一つの特徴は『物類品隲』があくまでも実証的立場によって記述されていることであって、五回にわたる薬品会に現物を集め、多くの有識者への展覧に供した源内の意図がここに生かされていると言うことができる。したがって、彼の記述には随所に「誤りである」とか「非なり」とか「妄説である」あるいは「削去るべし」などの先人の説に対するかなり手厳しい批判が加えられている。こうした源内の姿勢は、本草学をたんなる知識の集成でなく、実物を確かめ、国内外の産物を照合し、外国産についても最終的には国産品による利用の可能性までを検討することによって産業の振興を計るという、八代将軍吉宗によって提起され、のちに老中となって権勢を振るう田沼意次《おきつぐ》の施政の方針に沿うものであったと言えよう。

伊豆で朴消を発見し、自ら採取、精製して利尿薬芒消を製造した一連の行動にも、源内の姿勢の一端を見ることができる。源内の死後、杉田玄白をして碑文に「ああ非常の人非常の事を好み　行いこれ非常　何ぞ非常に死す」と書かせた源内の非常の才能は、一般には火浣布《かかんぷ》（アスベスト）やエレキテル（発電器）やタルモメートル（寒暖計）などを作ったり、鉱山の開発を計画したり、果てはＳＦまがいの戯作を書いて人気作家になったり、油絵を描いたりというような人を驚かせる多才ぶりによって評価され、批判もされている。しかし、少なくとも『物類品隲』には、時代に先駆けた源内の非凡な才能を見ることができる。

同時に、彼には自らの才能を過信するあまり、他人の意を介せずかなり傲慢な態度を見せる野心家としての一面も強くあったらしい。源内は御薬坊主格、四人扶持、銀十枚の身分にまで取り立てられ、加増されながら主君松平頼恭の意に逆らい、藩に辞職を願い出て江戸での活動を希望する。おそらくは幕府じきじきの仕事について名を上げようとする意図があったのだろう。幕府御用として伊豆の朴消探索に出たあたりで、知人に対して「御勘定奉行一色安芸守様より伊豆芒消御用仰せ付けられ、当春また右芒消広めさせ候ようにと田沼（意次）侯より御老中様方まで仰せ上げられ候程の儀、これによって大坂へも行かれず候儀は殿様（松平侯）御耳にも達し申し候」というような手紙を書いている。いわば公儀の御用が大変で、藩の仕事などにはかかわっていられないという高飛車なものの言いようがうかがえる文面である。

源内は、高松藩からの辞任は認められはしたものの、その条件は「仕官御構」であった。つまり他藩への再就職を禁じられた身分での浪人生活にはいったわけである。当然のこととして、源内は田沼意次を頼った。しかし将軍家治《いえはる》の御側衆から側御用人、老中にまで昇進した田沼もついには失脚し、経済機構を改革して開放的な殖産の振興を図ろうとした〝田沼時代〟は終焉する。

平賀源内が一種の鬱病にかかり、訪問客殺傷の罪によって入牢した小伝馬町の獄において「非常の死」を遂げたのは、安永八年（一七七九）である。享年五十二歳。

天明六年（一七八六）には田沼意次は老中を罷免され、所領は没収された。交替して老中となった松平定信は「寛政の改革」によって田沼政権の一切の方針を否定し、覆した。

結果として洋学も弾圧され、林子平の『海国兵談』などは出版禁止となり、以後、洋学研究は幕府のごく限られた人たちだけに許されることになった。

蘭学事始め

『蘭学事始』始末

文化十二年（一八一五）に、八十三歳になった杉田玄白は『蘭学事始』を完成させた。それより四〇年も以前に、オランダ語の解剖書（原著者はドイツ人ヨハン・クルムス）の翻訳を『解体新書』として完成させた時の苦心を中心に、蘭学がいかにしてわが国に発生し、展開されたかを自らの思い出をこめて執筆した書物である。

本書の存在が世に知られるようになった経緯には、福沢諭吉が大きな役割を果たしている。というのは、現在私たちが読むことのできる『蘭学事始』は、明治二年（一八六九）に諭吉の斡旋によって出版された木版刷初版本を底本としているからである。福沢自身が明治二十三年の再版に寄せた序に述べているこの経緯は多分にドラマチックである。

杉田家に所蔵されていた『蘭学事始』の原稿は、安政二年（一八五五）の江戸大地震のさいに焼失し、すでに幻の存在と思われていたが、旧幕府の末年に神田孝平という人が本郷通を散歩の途中で、偶々湯島聖堂裏の露店に大変に古びた写本を見付けた。手に取ると紛れもない『蘭学事始』（発見された古写本の題名は『和蘭事始』）であった。福沢は早速にこの写本の写しを入手し、友人の箕作《みつくり》秋坪《しゅうへい》と対座してこれを繰返し読んだが「明和八年三月五日に蘭化先生（前野良沢《りょうたく》）の宅で始めてターフルアナトミアの書に向い、艫舵《ろかじ》のない船が大海に乗り出したように茫洋として寄るべき頼りもなく、あきれにあきれるばかりであった」というあたりを読む時は感極まって泣かないことはなかったとその再版の序文の中に述べている。

直ちにこの写本を出版することを決意した福沢は、資金を援助し、『蘭学事始』上下二巻は明治二年（一八六九）に出版された。文化十二年（一八一五）に杉田玄白が『蘭学事始』を執筆してからじつに五三年もの歳月をへて初版本が刊行されたことになる。そして、このことによって、わが国における蘭学の創始にあずかった先駆者たちの努力の歴史は一気に私たちにとって身近なものとなった。

ちなみに、『蘭学事始』の写本についてはその後にも新たに何種かが発見され、それにつれて新しい知見も得られた。その詳細については、内山孝一『和蘭事始「蘭学事始」古写本の校訂と研究』（中央公論社）や、杉本つとむ『知の冒険者たち──「蘭学事始」を読む──』（八坂書房）等で読むことができる。

『解体新書』の出版

さて、『蘭学事始』で杉田玄白が紹介した『解体新書』は、本文四冊と序と図一冊を合せた五冊の木版本として、安永三年（一七七四）に杉田玄白を著者（訳者）として出版されている。そして各巻のはじめに訳者として杉田玄白、協力者として中川淳庵《じゅんあん》、石川玄常《げんじょう》、桂川甫周《ほしゅう》の名が並んでいるが、不思議なことに、実質的に『解体新書』訳出の中心となってこれらの人々を指導する立場にあった前野良沢の名はここにない。

前にも述べたように、わが国ではじめて自らの興味と意志によってオランダ語の学習を志し、江戸の旅宿長崎屋においてオランダ商館長や通詞たちから学んだオランダ語の学識を『和蘭文字略考』（寛保二年）や『和蘭和訳』（延享元年）、あるいは『和蘭文訳』第一〜十集（寛延二〜宝暦八年）として書物に著した人は青木昆陽《こんよう》である。その弟子が前野良沢である。前野良沢はもともとは漢方古方派を確立させたことで名高い吉益東洞《よしますとうどう》の門下にいたが、のちに蘭方を志し、青木昆陽についてオランダ語を学んだ。杉田玄白は『蘭学事始』の中で、大通詞西善三郎《にしぜんざぶろう》が青木昆陽は毎年宿舎へ来てはオランダ語を学んだが「はかばかしく御合点参らぬ」状況であったと述べた、と書いている。また、昆陽の門下に入った前野良沢は長崎におもむき、昆陽から学んだ『類語』と題する書物の単語を基礎として吉雄、楢林らについてオランダ語を学んだが、わずかに七〇〇語余りを修得し、字体、文章等についてもなにがしかの聞き書きを持ち帰った、とも書いている。これはしかし間違いであるらしい。杉本つとむ氏は青木昆陽のオランダ語の語彙は一〇〇〇語をこえ、また文章に対する理解力の程度もかなり高く、すでに基礎的段階は終了していたと推定している。したがって、昆陽に師事し、さらに研鑽を積んだ前野良沢の語学力は、いきなり解剖学の専門書の解読には及ばなかったにしても、相応のレベルに達していたとみてよいだろう（杉本つとむ『解体新書の時代』）。

『解体新書』の訳出は、明和八年（一七七一）に江戸千住の骨《こつ》が原（小塚原）で行われた腑《ふ》分《わ》けから始まった。杉田玄白、中川淳庵、前野良沢はその観臓に参加した。その時、良沢が長崎で買い求めてきたと言って懐から出して見せたオランダ語の解剖書は、偶然にも玄白が所持していた書物と同じものであった。彼らは腑分けの間、切り開かれていく体内の様子が持参した書物のとおりであるのに驚嘆した。野晒しになって散在している骨を拾ってみても、書物の図と寸分もちがわない。

翌日から、三人は良沢の家に寄合い、この書物の翻訳を開始した。そのころはまだおぼつかなかった前野良沢のオランダ語の知識の他には、玄白も淳庵もオランダ語をほとんど読めなかったので、その始まりは本当に「艫舵のない船が大海に乗り出したよう」な苦しい作業であった。当然のこととして、良沢は翻訳仲間の盟主となり、先生として作業をリードすることになった。

前野良沢

前野良沢は豊前（現在の大分県）中津藩の藩医前野東元《とうげん》の長男として生まれた。『前野蘭化　解体新書以前』の著者、岩崎克己氏によると、良沢は谷口新介という筑前藩士を実父として生まれたが、享保十四年（一七二九）、六歳のときに父と死別し、伯父である宮田全沢《ぜんたく》という医師に養われて育ったとされる。その後中津藩の医師前野東元の養子となり、元文五年（一七四〇）、二十六歳の時には東元も亡くなったので、良沢が東元の跡の前野家を継いだことになっている。

杉田玄白は文化十二年（一八一五）に回想録として執筆した『蘭学事始』の中で前野良沢の生立ちに触れ、「宮田全沢という人は博学ではあったが天性奇人であり、よろずその好むところが常人と変っていたので、良沢の教育についても常識的ではなかった」と書いている。したがって「良沢も天然の奇士であって、一節切《ひとよぎり》や猿若狂言を稽古したりした。こうした性格もあって吉益東洞の門下にあって古方派漢方の流儀によって医業をはげみながらも、ついには青木昆陽の門に入ってオランダ語を習得することになった」と、玄白は、良沢が蘭学の道に踏み込んだ動機についても触れている。

すでに世の中ではあまり流行《はや》っていなかった一節切を吹いたり猿若狂言を習ったりしたとしても、その人が必ずしも奇人であるとは思えないが、前野良沢という人が好奇心にあふれ、しかもかなり凝り性の人であったらしいことは推測することができる。

岩崎克己氏は著書の中で、蘭学に着手するまでの良沢という人は、医家としても、趣味人としても、せいぜい非凡人の中の平凡人あるいは平凡人の中の非凡人の間を行ったり来たりしていた程度の人ではなかったか、と述べている。

前野良沢は青木昆陽についてオランダ語を習ったのち、明和七年（一七七〇）に長崎に遊学して、オランダ語通詞吉雄耕牛や楢林重右衛門らについてさらにオランダ語とオランダ医学を学んだ。またその折に何冊かの蘭書を買い求めて江戸に戻った。その中に、後に杉田玄白らと苦労を分かちあいながら翻訳し『解体新書』として出版した『ターヘル・アナトミア』があったことが、わが国における医学に大きなインパクトを与えることになったことはいうまでもない。岩崎氏によると、良沢は『ターヘル・アナトミア』を含め、少なくとも三部の解剖書を長崎から持ち帰ったとされる。これらが『解体新書』訳出の参考に用いられたことは当然のことであろう。

杉田玄白が晩年になって執筆した『蘭学事始』に、前野良沢という人物についての描写を行っていることはすでに触れたが、玄白の言うような〝奇人〟ではなかったとしても、良沢が学者肌でかなり一途な性格の持ち主であったことは確かであったらしい。晩年はあまり人と付き合うこともせず、医師としての活躍もせずにひたすらオランダ語の学習に励み、著作、翻訳に力を注いでいたらしく、玄白ら蘭学グループの人々ともしだいに疎遠になっていったらしい。門弟は少なかったが、大槻玄沢、石川玄常、江馬蘭斎《えまらんさい》など、良沢が青木昆陽から受け継いだ蘭学をさらに次代に伝えた立派な弟子が育ったということは、良沢の学問の奥深さを示す証拠とも言えるだろう。たとえば、大槻玄沢には『蘭学階梯《らんがくかいてい》』という名著がある。

一方で、良沢は高山彦九郎、最上徳内《もがみとくない》らとも親しく交流したとも伝えられる。享和三年（一八〇三）に没している。

考えようによっては、後世派医学を排して江戸中期に確立された古方派医学の実証主義的な思想は、山脇東洋らによる解剖学を通して前野良沢らに引き継がれ、オランダ医学を通して西欧医学導入への道を開き始めたということもできるだろう。

『解体新書』の原本となったオランダ語の解剖図譜は、杉田玄白によって『ターヘル・アナトミア Tafel Anatomia』とされている。骨が原での観臓のさいに前野良沢が長崎で買い求めてきたといって持参し、玄白も中川淳庵を通してオランダ通詞から紹介され、藩の重役に頼んで買ってもらって所持していたというものであった。

しかし、実際には『ターヘル・アナトミア』という書物は存在しない。これはドイツ人ヨハン・アダム・クルムスがドイツ語で書いた原書（一七二二年）からのオランダ語訳であって、書名は"Ontleedkundige Tafelen"『オントレードクンディへ・ターヘレーン（解剖学表）』（一七三四年）であった。さらに詳しい原書の題名は『付図及び解説――人体の構造とその各部の機能と図解・解説――』となっている。オランダ語訳はG・ディクテンによって行われている。

さらに奇妙に思われるのは、『解体新書』につけられた扉絵が原書とちがって、おそらくはスペイン人解剖学者ワルウェルダの解剖書のオランダ語版（一五六〇年）から写されていることである。『解体新書』の付図を描いたのは小田野直武《おだのなおたけ》である。平賀源内から洋画の技法を習ったことがある秋田角館《かくのだて》の藩士である。この人が付図の筆をとった理由は、源内の推薦があったためであると考えられる。直武の描いた図がかなり原図に忠実であることは、解剖学者小川鼎三氏らによっても指摘されているが（小川鼎三『解体新書　蘭学をおこした人々』）、ここでも奇妙に思われるのは、付図は原書の付図をそのまま写したのではなくて、少なくとも他の五冊に及ぶ解剖書や外科書から引用模写されていることである。杉田玄白の『蘭学事始』には蘭書の購入についてもかなり劇的な経緯が述べられているが、杉本つとむ氏も指摘するように、そのころの玄白の周辺にはすでにかなりの種類にわたる蘭書が存在していたことがうかがえる（杉本つとむ『解体新書の時代』）。

前野良沢が先導的役割を果たしながら『解体新書』の訳者として自らの名を伏せた理由はわからない。推察できるのは、杉田玄白と前野良沢の原書を解読しようとする意識、あるいは目的にかなりの相違があったらしいことである。玄白は自ら『蘭学事始』にも書いているように、翻訳を急いで完成させ、できるだけ多くの人々にそれまで学んできた医学との違いを悟ってほしいと考え、翻訳も、場合によって対訳、直訳、意訳とさまざまに工夫し、草稿は一一回も書き換えて作業を終えたという。また、さらには、「前野良沢という人がいなかったらこのような仕事はできなかったであろうし、一方で私のような素意大略の人物がいなかったら、この仕事はこれほど早くは完成しなかったであろうから、これも天の助けであった」と書いている。

対立とまではいかないまでも、拙速をやむをえずとする玄白と、翻訳をあくまでも出版よりも自らの知識を高めることを目的として完成させようとした良沢と、二人の間の意識にはかなり大きな差があったと思われる。結局、良沢はいろいろな理由をつけ、弟子の石川玄常の名を参加者として加えることによって訳者として自らの名を連ねることを許していない。

宇田川玄真の功績

杉田玄白は長男が病弱であったため、建部清庵《せいあん》の第五子由甫《ゆうほ》を養子に迎えて後継者にすえた。のちの杉田伯元《はくげん》である。建部清庵は奥州一ノ関の藩医で玄白と面識はなかったが、書簡の往復によって親交を結んだ。清庵は玄白の蘭学への志を知って大いに喜び、自分の息子の良策《りょうさく》と弟子の大槻玄節《げんせつ》を玄白の門に送った。大槻玄節はさらに玄白によって前野良沢の許に送られ、さらには長崎にも遊学して蘭学の習得につとめ、後に名を大槻玄沢と改めて『蘭学階梯』を完成させた人である。

杉田玄白にはもう一人の養子がいた。宇田川玄真《げんしん》であった。この人は、玄白が『蘭学事始』にも書いているように、伊勢の出身で姓を安岡といったが、江戸に出て岡田氏の養子となった。宇田川玄随《げんずい》に古方の漢方を学んだが、幼い時から神童といわれる才能を見込まれて、大槻玄沢の許で蘭学を学ぶことになった。玄随や玄沢からこの男の志の高さを聞いた玄白は、ゆくゆくは娘八曾《やそ》の婿として玄真を迎えようと考え、玄真を養子にすることとした。玄真は玄白が蔵書として所蔵する蘭書を自在に利用し、徹夜を重ねるほどに精励して蘭学に専念したが、一方で才能に走り、酒色に溺れ、遊興に身をもちくずすようになって、ついには杉田家を追われた。

しばらくは困窮の中に生活を送っていたが、その才能を惜しむ声は高く、大槻玄沢に入門して蘭和辞典『波留麻和解《はるまわげ》』をつくった稲村三伯《さんぱく》は友人として玄真を助け、蘭書出版の助手として働かせたりしていた。やがて宇田川玄随が病没すると、玄真は迎え入れられて宇田川の姓を継いだ。

蘭学の振興に関する宇田川玄真の功績は際立って大きい。まず彼は『解体新書』では及ばなかった数種のオランダ解剖学書からの訳述書として『遠西医範』全三〇冊をつくった。この書物は出版されなかったので一部しか残存しないが、その要領をまとめた『医範提綱』全三冊（文化二年）は名著としてもてはやされた。また養父玄随の『西説内科撰要』

を完全に翻訳し直して増補重訂版を出版し、さらには養子宇田川榕庵の協力のもとに、多くの蘭書を参考として洋薬についての知識をまとめた『和蘭薬鏡』『遠西医方名物考』を著した。玄真は天保三年（一八三二）には幕府天文台への出仕を辞し、その翌々年の天保五年（一八三四）に六十六歳の生涯を終えた。養子宇田川榕庵をはじめ、後に明治の文明開化を導く逸材を育てた緒方洪庵、坪井信道、箕作阮甫《みつくりげんぽ》など多くの優れた蘭学者たちを育てたことも彼の大きな功績であったと言うことができよう。

シーボルトからの一四〇年

現代医療の中の薬学

シーボルトの処方箋

シーボルトの処方箋

長崎のシーボルト博物館ほどには知られていないが、四国愛媛県の大洲市立博物館に数枚のシーボルト直筆の処方箋が展示されている。

この博物館には、横一〇センチ、縦一五センチほどの大きさの数枚の処方箋が主な展示物としてガラスケースに収められており、各々の処方箋には、薬品名の他にローマ字綴りの患者名、それに紛れもないシーボルト自身の署名がある。

これらが安政六年（一八五九）のシーボルト再来日のさいに書かれた処方箋であるという説が正しいとすれば、すでに一四〇年近くの歳月を経ているはずである。彼がもたらしたオランダの医学（本質的にはドイツ医学）が優れた大勢の弟子たちを通してわが国に近代医学の礎を築いたことを思うと、残された処方箋上に配合された薬品が示唆する意味は大きい。

現在までに、シーボルトの残した処方箋は、大洲に残された数枚に長崎のシーボルト記念館に保管されている分を加えると二〇枚ほどが発見されており、配合されている薬品は約三〇種である。それらのうち大洲博物館に残された一枚の例を挙げると、大黄《だいおう》とマグネシアにハッカ油と砂糖を加えて油糖《ゆとう》剤としたもので、処方箋上に記されたSatarosanという患者の病名は、おそらくは胃酸過多症であったことが類推される。

他の処方箋を含め、シーボルトが一四〇年前に配合した薬品の薬効や配合量、用法の指示などには矛盾はない。むしろ手書きの処方箋には、薬品名の上に書かれたサタロサンという名の患者とシーボルトの署名の間に、ほのぼのと通い合う気配りと労《いたわ》りの気持ちが感じられて温かい。しかし、すべての処方箋は対症療法的治療の域を出ておらず、もちろん、患者の症状を和らげはしても根本から病気を治すものではない。

いま使われている一万三〇〇〇品目もの薬

ところで、現在、私たちが医療の現場で使用している医薬品（薬価基準収載品目数）は一万三〇〇〇品目にも達しているのだが、意外に認識されていないのは、その九五％近くが、じつはこの五、六十年の間に開発されたものであるという事実である。この事実は、これだけの短期間に医薬品の内容が著しく進歩し、変化したことを物語っている。

ついでに言うと、わが国の医薬品生産額は平成六年（一九九四）の段階ですでに五兆五〇〇〇億円に達しているのだが、大手製薬企業二〇社の海外市場への依存度は平均値としてわずかに三・八％である。およそ九六％は国内で消費されていることになる。同様の統計によるスイスの大手企業三社の海外市場依存度（一九九二年度平均値）が九七・一％であるのとまったく対照的である。

この著しい差の理由については、さまざまな複雑な要因が働いていて一概に説明することはできないが、平成三年（一九九一）から発足した国民皆保険制度によって、急速かつ大幅にわが国の医薬品の需要が増加してきたことは事実である。また医療機関を経済的に支えるいわゆる薬価差益が、最近では一兆円を超えるという事実からすると、わが国における医薬品の使用に関する経済的インセンティブの存在を完全に否定することはできない。

このことがいわゆる〝薬漬け医療〟につながっていくとすると、国民のすべてが平等に医療を受けることができ、潤沢な医薬品が供給され、結果として平均寿命が延びたというような恩恵は十分に認めた上で、その間に、大幅な医療費の上昇や「薬害」の発生等によって社会に芽生えた医療、ひいては医薬品への不信が深刻化した事実も認めざるを得ない。シーボルトの時代からみるとはるかに確実で優れた薬効をもち、潤沢に供給される医薬品に恵まれた現代に住みながら、われわれは必ずしも現代の医療のあり方、なかでも医薬品については満足をしていない。時には、それらに対するあらわな不信が噴出することすらある。

医学・薬学の近代化と著しい進歩がもたらした新しい医療、そこで使われる医薬品が、わが国では、なぜ人々の不信を招くことになったのか。

近代医薬品の出現

たまたま、アメリカの『フューチュリスト』という未来予測雑誌の一九九六年七月号に、人に優しく、個人の生活を豊かにし、一〇年後に期待される商品の第一位は、遺伝子工学を応用した医薬品であるという世論調査の結果が載った。このような医薬品の出現によって、これまでは困難であった骨粗《こつそ》鬆症《しょうしょう》やアルツハイマー病の治療が可能となり、また人々の健康に関するすべての情報はカードに記録されて、医師による診断や医薬品の処方に関する間違いを減らすことができるという予測である。この世論調査の第二位以下が、コンピューターのキーボードからの解放、コンピューターによる自動車運転のロボット制御、大型壁掛テレビ、電子マネーの実現など、現実的かつ実現の可能性が目に見えているのにくらべると、一位の医薬品に関する予測がいかに切実な人々の健康への期待を含み、重要な要望であるかを理解することができる。

考えてみると、われわれが過ごしてきた二十世紀は医薬品の姿を大きく変えた世紀であった。たとえば、この世紀の半ばにわれわれはペニシリンを手に入れた。ペニシリンは、はじめのころは不純物を含んでいたために黄色を呈しており、それでも感染症の治療に奇跡のような効力を発揮したためにイエロー・マジックと呼ばれた。新しい薬の世界への扉を開いた、まさに〝奇跡をもたらす薬〟が出現したのであった。

インスリンも、じつは〝奇跡をもたらす薬〟の一つであった。糖尿病は、長い間厳しい食餌療法の他になす術もない病として人類を悩ませ続けてきたのだが、インスリンは劇的に多くの患者たちを死の床から連れ戻した。

カナダの若い整形外科医が、ふとした動機から始めた糖尿病の研究によってイヌの膵《すい》臓から分泌されるホルモンとしてインスリンを発見し、同時にこのホルモンが人為的に糖尿病にしたイヌの血糖値を劇的に低下させることを発見したのは一九二一年のことであった。そして、ウシの膵臓から抽出されたインスリンが、粗製の段階のまま、実際に糖尿病の患者に使用されたのは、発見の翌年であった。それだけ、インスリンは当時の人々が待ち望んでいた薬だったのであろう。

だが、このようなペニシリンやインスリンなどの発見は、いずれの場合にも、それらを為し遂げた本人の実力に幸運がつきまとう、いわゆるセレンディピティによるところが少なくない。また、ペニシリンをつくるカビにしても、あるいはインスリンを分泌する膵液にしても、その素材はいずれもわれわれの周辺から自然に求められるものであった。したがって、いかにペニシリンの発見やそれに続く抗生物質の開発がわれわれを感染症の恐怖から解き放ち、インスリンの開発が糖尿病患者を死に至る宿命から救ったとしても、その薬づくりの方法論は十九世紀から急速に興った〝古典的〟有機化学の応用の範囲を出ていない。むしろ、これらの医薬品の開発はまだ近代医薬品出現への先駆けに過ぎなかったとも言うことができる。

そうした医薬品開発に近代化への幕開けをもたらしたのは、イギリスのグラスゴー大学で動物生理学の講師を勤めていたジェームズ・ブラックであった。彼は、われわれの体内にあって交感神経を興奮させる、つまりわれわれが怒ったり驚いたりすると胸がドキドキする状態をもたらす物質アドレナリンと構造の似た化合物をデザインすれば、アドレナリンの作用に拮抗するような働きをもち、胸をドキドキさせない、つまりは心臓の負担を軽くすることのできる薬をつくることができるだろうというアイディアを思いついた。

このアイディアをもったブラックが、イギリスでも有数の製薬会社ＩＣＩの研究所を訪問したのは一九五八年七月のことであったが、翌年の一月には、ブラックは早くもこの研究所の所員となり、心臓の交感神経の興奮を遮断する薬の開発を開始している。そして一九六五年七月、研究の開始から六年半の歳月をかけてつくり上げ、市場に送った薬が、一般にベータ遮断薬といわれるプロプラノロールであった。この薬は、アドレナリンが作用する交感神経においてアドレナリンと結合するベータ受容体を遮断する。はじめは心臓への負担を軽減させ、狭心症の治療に役立つ薬としてデザインされたのであったが、狭心症と高血圧の両方に悩む患者に使用したところ見事に血圧を下げることがわかった。以後、われわれはプロプラノロールをモデルとして開発された数多くの血圧降下薬を利用することができるようになった。

こうして、われわれは、体内で進行する生理的現象を捉え、そこに働くメカニズムに直接的に影響を及ぼす医薬品を積極的にデザインする薬づくりの近代的方法論を手に入れた。ちなみに、胃酸分泌のメカニズムを抑え、それまでは手術に頼るしかなかった胃潰瘍の薬物治療を可能にしたはじめてのH_2ブロッカー、シメチジンの発明も、このブラック博士による成果の一つである。

さらに一九七〇年代になると、われわれは、一九五五年に正体を明らかにされたばかりの遺伝子のＤＮＡに手をつけはじめた。ＤＮＡをある特定の部分で切断して、この切片をプラスミド（細菌の細胞質に遺伝子とは独立して存在する環状のＤＮＡ）に挿入し、これを再び細菌の細胞内に運び込んで増殖させることによって、同じ外来の遺伝子をもつ多数の細菌細胞を得るという遺伝子工学の技術を手に入れたのであった。

この技術を応用すると、たとえばヒトの膵臓に存在してインスリンをつくる指令をもつ遺伝子ＤＮＡを取出し、プラスミドに組込み、これを大腸菌に送り込んで、ヒトの代わりに大腸菌にヒトインスリンを生産させることができるようになる。

インスリンは長い間ウシやブタの膵臓からの抽出によって供給されてきたが、生産量に限界があり、また、わずかではあっても、ウシやブタのインスリンにはヒトのそれと化学構造の異なる部分があったために、こうした異種タンパク質の注射には免疫学的にも問題があった。しかし遺伝子工学によってヒトインスリンの生産が十分に行えるようになれば、こうした心配は要らなくなる。かくして、アメリカでは一九八三年、日本では一九八五年に遺伝子工学によってつくられたヒトインスリンが発売され、数多くの糖尿病患者が安心してヒトインスリンを利用することができるようになった。

現在では、ヒトインスリンを含む二〇種ほどのいわゆるバイオ医薬品が医療の現場で利用されている。先に引用したアメリカの人々の二十一世紀に向けての第一位の期待は、すでにその一部が実現しつつあることを実感させる。

医療後進国日本

ちょうど、ペニシリンがわが国で使えるようになったころに、駐日アメリカ軍の総司令部（GHQ）に公衆衛生福祉局長として医療問題を担当する軍医クロフォード・サムス准将がいた。彼は、日本の医療体制の遅れを指摘し、「医師は患者に対して、売薬許可を持つ薬局から薬を入手するための処方箋を書くようなことはせず、代わりに医師は妻や子供、あるいは親戚などを使って薬を調合させて売っていた」と回想録に記した。

サムス准将の批判

その理由として、彼は「日本には大学レベルでの医学教育の場の他に四六校にも及ぶ医学専門学校があり、そこを卒業した医師たちは大学出身医師の働く都市、首都圏の大病院以外の場所で、〝一流の医療〟に従事している。彼らは自らの手で生計を立てるために自らの手で薬を売らなければならない」と述べている。そして、サムス局長はGHQの方針として医学教育における差別をなくするためにすべての専門学校を大学とし、レベルを揃える手段によって薬を売って生計を立てなければならない医師をなくそうとした。

時を同じくして、昭和二十四年（一九四九）に、GHQはアメリカ薬剤師会からの使節団を日本に招き、医薬分業についての彼らの意見を聞いた。グレン・ジェンキンス博士を団長とするアメリカ使節団は精力的に日本各地を視察した結果、近代医学を推進しようとする日本において医薬分業が実施されていない実状を奇異なこととし、「法律上、教育上及びその他の手段により、医薬分業の早期実現のために、可能なあらゆる努力がなさるべきであること。医師の仕事は、診断、処方箋の発行及び医薬品緊急投与に限定さるべきこと。開業薬剤師の仕事は、最も優秀な医薬品を確保し、適法に貯蔵し、医師の処方箋により調剤投与することにあるべきこと」という医薬分業の基本理念を冒頭に掲げた勧告書を提出した。

サムス局長はこの勧告を重視し、翌年一月には日本医師会、日本歯科医師会、日本薬剤師会の代表を集め、医薬分業の早期実現を計るよう、代表たちによる「三志会」での話し合いを求めた。しかし意見は対立したまま解決に至らず、話し合いの場は解散となって、サムス局長は検討を政府にゆだねた。

そこで八月、厚生省は臨時診療報酬調査会と臨時医薬制度調査会を設置し、まずは診療報酬の見直しを計った後に、分業実施の可否と、可とする場合の具体的な実施方法についての諮問を行った。

医薬分業法案国会に提出

サムス局長からの強い要請と日本医師会の強硬な反対の板ばさみにあい、紆余曲折を経ながらも、厚生省はようやく調査会からの答申に基づいた「医師法、歯科医師法及び薬事法の一部を改正する法律」（医薬分業法案）を作成し、この法案は昭和二十六年（一九五一）三月六日に閣議に提出された。

調査会答申の骨子は、医師、歯科医師の処方箋発行の義務づけ、薬剤師の医師、歯科医師からの処方箋による調剤の義務づけ、それに医師、歯科医師による調剤は診療上の必要あるときと薬局の普及が十分でない地域に限られること、医薬分業は昭和二十八年（一九五三）より実施さるべきことの四点であった。

時の内閣は吉田茂による第三次内閣であったが、閣議は四回にわたって認否を保留し、法案の国会提出を決定しない。三月に決定した日本医師会の新役員である会長田宮猛雄、副会長榊原亨、武見太郎にひきいられた日本医師会、とくに武見の積極的な反対運動が閣議にまで及んだとみた日本薬剤師協会は、一方で自由党幹事長であった佐藤栄作を動かし、ようやく三月二十日に閣議決定を得た法案は国会に提出された。

医師法と歯科医師法の改正点は、調査会答申に基づいて「(医師、歯科医師は)診療上、患者が薬剤の交付を受ける必要があると認める場合には、患者又は現にその看護に当っている者に対し処方箋を交付しなければならない」とすること。また薬事法における主な改正点は、「薬剤師でない者は販売又は授与の目的で調剤してはならない。但し、医師若《も》しくは歯科医師が左に掲げる場合において、自己の処方箋により自ら調剤するときはこの限りではない。(1)省令の定めるところにより診療上必要とされる場合、(2)省令の定めるところにより薬局の普及が充分でないとされる地域で診療を行う場合」という点と、「調剤の求めを拒んではならない」「処方箋による以外には調剤してはならない」であった。

この法案は、六月二日に参議院厚生委員会の議を経て参議院本会議を通過し、即日、衆議院に回付された。参議院厚生委員会からはとくに衆議院厚生委員会に対し、即日(二日)から審議を開始するようにとの要望が付されていた。

〝骨抜き〟分業法案の成立

この法案は六月五日には衆議院本会議で可決された。反対はただ一人、羽仁五郎議員のみであった。羽仁は、反対の理由を「医薬分業に本当に賛成をしている僕の立場では、今度のような不備だらけの見掛け法案には賛成できない。日本の国会議員の中に、あんなごまかし法案には満足できない、という意見を表示をする者が一人ぐらいあってもいいじゃないか」と述べたという。

羽仁の言うあいまいな点は、妥協修正の部分に盛られていた。一つは医師による調剤について、患者または現にその看護に当たっている者が特にその医師または歯科医師から薬剤の交付を受けることを希望する旨を申し出た場合という項目が加えられたこと、それにもう一つは明確な理由もなく施行期日が昭和二十八年から三十年に繰り下げられたことであった。

かくして、医薬分業は明治の時代から一〇〇年近くを経てようやくわが国の近代医療の中に実現するかにみえたが、法案の内容は以前とさして変りのない〝骨抜き〟法であった。

この年、昭和二十六年（一九五二）の九月八日には米国サンフランシスコにおいて対日講和条約の調印が行われ、わが国の政治は連合軍GHQによる占領政策をはなれることになる。そうしたあわただしい動きの中で成立した医薬分業法案に対して、日本医師会はG

HQのサムス局長からのかなり強烈な批判を浴びながらも、果敢に抵抗したらしい。三志会による話し合いが決裂に至る昭和二十五年（一九五〇）の五月に、事の成りゆきに苛立《いらだ》ったサムス局長は厚生省に対して医薬分業に関する公開状を送っている。医薬分業に反対して真実を会員に伝えない日本医師会の幹部は信頼することができないという内容が含まれているこの公開状を、当時の林厚生大臣はしばらくは手許においた後、七月十日になって公表した。

その結果、日本医師会は七月十三日から連日の理事会の末、十七日には役員全員の総辞職をきめた。サムス公開状に対する引責辞職であった。しかし、その後も医師会は姿勢を変えることなく反対運動を続け、ようやく、昭和二十六年（一九五一）三月に法案は議会を通過したが、内容は修正の加えられた〝骨抜き〟であった。この年の五月、講和条約の調印を前にサムス准将は局長を辞職して帰米し、以後、医薬分業は再び日本医師会の意向を色濃く反映しながら、しだいに明治の昔そのままの姿にその内容を戻していくことになる。

昭和三十年（一九五五）一月一日の施行を前に、医師会はさらにこの法律の改正を提案し、この逆提案を受けた衆議院社会労働委員会は、医師、歯科医師による処方箋交付義務の免除と調剤権容認の条件を拡大し、違反に対する罰則を一般人より軽い罰金にとどめる等の修正を加えた改正案をきめた。新しい法律は昭和三十年八月に公布（昭和三十一年四月施行）され、日本の近代医療を支えるはずであった医薬分業は、またわれわれの前から遠ざかっていった。

そして、今

変わる医療の世界

二十世紀は医薬品を大きく変えた世紀であった。とくに後半、ペニシリンをはじめとする抗生物質の登場は感染症の治癒率を圧倒的に高め、平均寿命は著しく延長した。体内で働くさまざまな生理的メカニズムの解明にともない、そのメカニズムに作用を及ぼして病気の原因に直接迫る医薬品が偶然の助けを借りずにデザインされ、合成されるようになった。こうして、〝本当に効く〟医薬品がつぎつぎに開発されはじめた。

結果として高齢化社会が出現し、疾病構造が変わった。病院、診療所に受診する患者の比率は、かつての感染症に代わって生活習慣病とも呼ばれる成人病に大きく傾き、しかも高年齢にともなう複数の診療科への受診者が増加した。

それにつれて、医療の場において医薬品が果たすべき使命はますます重みを増し、しかも使用形態は複雑化した。これまでにあまり経験したことのない長期間の服用による副作用や、複雑な併用による相互作用発現の可能性を考える必要が生じた。また、効力の強く鋭い薬などでは、刻々の血中濃度の変化を監視しながら服用を続けなければならないような場合も多くなってきた。

一方で、昭和三十六年（一九六一）に国民皆保険が達成されると、低所得者層を含むすべての国民が保険に加入し、すべての国民が平等に医療を受けることができるようになった。世界に例をみない制度であったが、結果的には医薬品使用量は急増をみせた。昭和三十六年度には国民総医療費に占める薬剤費の比率は二五％であったが、昭和四十五年（一九七〇）には四三％に上昇した。総医療費自体も五倍にはねあがり、二兆五〇〇〇億円をこえた。

薬による被害、いわゆる薬害が増加し、〝薬漬け医療〟などという批判も出始めた。それにつれて医療に対する国民の意識も変わり、インフォームド・コンセントによって、患者自身が自らが受ける医療の中味を理解し、これまでの〝医者まかせ〟でなく、積極的に医療へ患者の参加が求められる時代になった。とくに医薬品については薬剤師がしっかりとその職務を果たし、責任を持つべきであるという期待が強まってきた。

昭和六十年（一九八五）には「医療法」の第一次改正が行われた。社会の高齢化、疾病構造の変化等を踏まえた地域医療計画の導入を主眼とする改正であり、ここでは、地域の薬局が果たすべき役割が明記された。

医療への参加を認められた薬剤師

続いて平成四年（一九九二）には第二次の改正が行われ、「医療法」は明確に施設基準法的な性格を脱却して医療基本法としての内容をもつことになった。そして、その第一条には、「医療は生命の尊重と個人の尊厳の保持を旨とし、医師、歯科医師、薬剤師、看護婦その他の医療の担い手と医療を受ける者との信頼関係に基づき、及び医療を受ける者の心身の状況に応じて行われる――」と規定され、医療の場への薬剤師や看護婦の参加と位置づけがはじめて法律の中で明確にされた。

わが国では、薬剤師という職種は明治二十三年（一八九〇）の「薬律」施行以来法律的に規定はされたが、医薬分業が未成熟のまま推移した医療の実情にともなって、現実的には、大半の薬剤師たちは医療への参加を許されぬまま、大衆薬と呼ばれる一般用医薬品とその他雑貨類の小売販売に終始してきた。一方で、薬剤師による処方調剤は病院や一部診療所内に設置された薬局（薬剤部）に限定して行われ、薬剤師の中に病院薬剤師と呼ばれる特殊な職能集団が生まれた。

しかも昭和三十一年（一九五六）の医師法改正は〝任意分業〟の規定であり、例外規定が拡大されたために、実質的な分業の進展にはなかなか結びつかなかった。しかし、国民医療費の異常な高騰にともなう医療費、とくに医薬品代の節減、医療制度の見直し等の一環として、昭和四十九年（一九七四）に診療報酬の改定が行われると、医師の処方箋料は一挙に五〇〇円に引き上げられ、これを契機として院外への処方箋発行は徐々に増加し始めた。

対応する日本薬剤師会は、処方箋調剤を行うための基準に達した薬局の整備を促進するため、平成二年（一九九〇）に基準薬局制度を発足させ、各都道府県薬剤師会が認定基準に達した薬局を選び、保険薬局一万三千余を認定した。現在では四万に近い薬局が認定されている。

昭和三十五年（一九六〇）当時は約一〇〇万枚、昭和四十九年（一九七四）までは約五〇〇万枚を前後した医師からの院外処方箋の発行枚数は、昭和五十九年（一九八四）には一億枚をこえ、さらに平成五年（一九九三）には二億枚、平成八年（一九九六）には三億枚をこえて、驚異的な増加をみせた。ようやく、わが国の医療体制の中に、西欧からアジアまでを含む諸外国と同じレベルでの医薬分業が本格的なかたちを現し始めたことになる。

平成八年に改正された「薬剤師法」（施行は平成九年）では、第二十五条の二項に「薬剤師は、販売又は授与の目的で調剤したときは、患者又は現にその看護に当っている者に対し、調剤した薬剤の適正な使用のために必要な情報を提供しなければならない」という規定が加えられ、患者に対する医薬品情報の開示と、それを担当する薬剤師の義務と責任が法的に明確化された。ちなみに、「医師法」の第二十三条には「医師は、診療をしたときは、本人又はその保護者に対し、療養の方法その他保健の向上に必要な事項の指導をしなければならない」という規定がなされており、この両者からの患者への医療情報と医薬品情報の提供が適切に行われた時にこそ、患者のための本来の医療が適正に行われるということが改めて認識されることになった。

新しい薬学の発見

日本の薬学は明治以来一二〇年もの歴史をもつ。外国の薬学にくらべて著しく多様性に富んでいるのは、極めて特異な展開を遂げてきたわが国の医療制度の歴史とも関係する。

初代の日本薬学会会頭長井長義はドイツのベルリン大学で有機化学を学び、当時世界的泰斗とされたアウグスト・ホフマン教授が心から信頼を寄せた有機化学者となって帰国した人であった。長井の指導を得て、日本の薬学には優秀な有機化学者が輩出した。しかし、不幸なことに、日本の薬学はその出発の始めから本来の役割ともいうべき臨床の場を得ることができないまま、一二〇年という、世界に例を見ない歴史をたどってきたのであった。

しかし、いま、日本の薬剤師はようやく医療の場において、これまでに経験をしたことのない重要な役割を与えられることになった。その理由がどうであっても、また経緯がどうであっても、いま大切なことは、日本の薬学が明治以来の伝統を素直に見直し、わが国の新しい医療の中の一員として、プロフェッショナルとしてのアイデンティティーをもった薬剤師を育成するという新しい目標をできるだけ早く確立し、体制を立て直して社会に貢献していくことではなかろうか。

参考文献

富士川游『日本醫学史　決定版』(復刻版)　一九七二年　形成社
塩田廣重『改訂増補版　日本醫学百年史』一九五六年　臨床医学社
国公立所蔵史料刊行会編『本に見る日本近世医学史』一九七八年　日本世論調査研究所
東京大学医学部創立百年記念会編『東京大学医学部百年史』一九六七年　東京大学出版会
日本薬学会編・発行『日本薬学会百年史』一九八〇年
日本薬剤師会編・発行『日本薬剤師会史』一九九四年
清水籐太郎『日本薬学史』(復刻版)　一九七一年　南山堂
根本曾代子『日本の薬学―東京大学薬学部前史―』一九八一年　南山堂
吉岡信『近世日本薬業史研究』一九八九年　薬事日報社
池田松太郎『日本薬業史』一九二九年　薬業時論社
卸薬業史編纂委員会編『卸薬業史』一九七八年　日本医薬品卸業連合会
日本の新薬史刊行会編『日本の新薬史』一九六九年　薬業時報社
厚生省編『医制百年史』一九七六年　ぎょうせい
厚生省編『厚生省三十年史』一九六〇年　厚生問題研究会

あとがき

先だって、前から知り合いのある雑誌の編集長と世間話をしていたときのこと、彼は私の顔を見て、ふとこう言った。「この頃、少し変なんですよね。病院へ行くと薬剤師が妙に親切に薬の説明をしてくれるんですよ」。

それは少しも変なことではなくて、もともと、薬剤師が当然の仕事としてやらなければいけないことだったのだし、ヨーロッパでもアメリカでも、薬剤師はみんなそうしているのだと言うと、彼はますます変な顔をして、「それだったら、どうして突然はじまったんですかね」と言った。じつは、最近になって法律が改正され、薬剤師による医薬品情報の提供が義務づけられたのは事実なのだが、一般の人たちにとっては「医療法」や「医師法」「薬剤師法」などが、いつ、どのように変わったかなどということはあまり関係がない。問題は、どうすれば自分の健康を増進でき、どうすれば病気にかかったときに信頼できる医療に身を任せることができるかにある。

これまで、わが国では、ほとんどの人がその存在にすら気がつかなかったほど、医療の場における薬剤師の影が薄かったことは事実である。薬剤師はいなかったわけではない。また役割がまったくなかったわけでもないのだが、医療の場で、責任をもって果たすだけの役割を与えられる機会がなかったのは事実であった。地域薬局の薬剤師は、医薬分業が実行されない限り調剤や服薬指導を行う機会もなく、わずかに大衆薬や医療に関連する雑貨類の販売にその役割を見いだすしかなかった。また病院に勤務する薬剤師も、少なくともこれまでは患者と接する機会はほとんど与えられなかったから、薬剤師が患者に薬の説明をするというごく当然の仕事もできなかった。したがって、急に患者の前に姿を見せはじめた薬剤師に接してとまどった編集長の感想も、決して不思議ではない。

どうしてこうなったかという理由を説明し、理解してもらうのはそれほど簡単なことではない。医学、薬学だけの問題でなく、わずか一〇〇年の間にわが国が〝近代化〟をなしとげたことについては、その結果として、それなりの歪みを生じたのも無理のないことのように思われる。技術を導入することはできても、その根底にある科学の真髄を受けとめるにはそれなりの努力と時間が必要である。わが国で医薬分業が実行されず、そのために、薬剤師が本来の役割を担うことができなかったことについては、それなりの事情があったことは事実である。

本文中にも書いたように、日本の薬学は、ベルリン大学のホフマン教授の流れを汲む、世界でも一流の有機化学をドイツから持ち帰った長井長義《ながよし》を指導者として、かつて優れた有機化学者を輩出した。当時、諸外国の医薬品を国内においていち早く製造することは日本の薬学に課せられた緊急の課題であった。いわば、日本の薬学は、医療の場を与えられなかったかわりに、自国における医薬品の製造という課題を果たすための努力に専念してきたといえるのかもしれない。

しかしその状況は変わった。今、日本の薬学は外国で開発された医薬品を国内で製造するという単純な役割から飛躍し、創造性豊かな医薬品を自ら開発する「創薬」のみちを切り開いて、良く効き、より安全な医薬品を開発して、少しでも早く患者の手に届けるという新しい役割に直面したのである。また、医薬品そのものの内容も、ここ数十年の間に急速な進歩を遂げ、われわれの体内のメカニズムに直接関与して病因に迫る、鋭い効き目を持つ医薬品がつぎつぎに開発されるようになった。そのような状況の中で創薬の役割を果たすためには、これまでのような有機化学に偏った薬学であってはならず、体の構造や機能についての十分な知識を蓄え、また、進んで医療の場に身を置き、病気についての情報や、医薬品が患者にどのように作用したかについての「医薬品情報」を確保しなければならない。

薬剤師が医療に参加することの意味は、正確で適切な医薬品情報を医師や看護婦などの医療従事者や、あるいは患者に届け、最近、とみに使い方が難しくなった医薬品についても、間違いなく適正に使用されるように、医療の現場で役立つところにある。それと同時に、その役割は、医療の場から発信される医薬品情報を確実に創薬の場にフィードバックし、さらに優れた医薬品の開発に利用することにも役立つのである。

これまでの歪みを短時日の間に修正し、あるべき薬学の姿を現実のものとして、社会の期待に応えることはそれほど容易なこととは思えない。しかし、一方で、社会の要求は決して対応の遅れを容赦しないだろう。これまでの一二〇年を無為に過ごしてきたとは思わないが、医療への対応が遅れた日本の薬学についての反省はある。今、社会の期待に応えられる薬学を実現すべく、日本の薬学は確実に変わりつつはあるのだが、その対応については、薬学だけの努力では解決できない問題もまだまだたくさんある。

編集長とそんなことを話し合いながらも、薬のことについての理解を周囲に求めるのはなかなか容易でないことがわかったし、編集長も、それにはテキストが必要かもしれないと心配をしてくれた。そこで、私が適任かどうかは別として、とりあえず私の手許にある資料をまとめ、わが国に薬学が成立した経緯を中心に、薬にかかわってきた日本人の歴史を書いてみようと考えたのが本書執筆の理由である。

本文中に引用した他に、基本的な内容については、主に参考文献として掲げたような資料を利用させていただいた。著者、関係の各位には心からの感謝を捧げたい。

一九九九年二月

山崎幹夫

著者紹介

一九三一年、東京都生まれ
一九六〇年、東京大学大学院化学系研究科薬学博士課程修了、薬学博士
現在千葉大学名誉教授、東京薬科大学客員教授

主要著書
毒の文化史　薬の話　毒の話　毒薬の誕生
歴史の中の化合物

歴史文化ライブラリー
67

薬と日本人

一九九九年五月一日　第一刷発行

著　者　山《やま》崎《ざき》幹《みき》夫《お》

発行者　吉川圭三

発行所　株式会社 吉川弘文館
東京都文京区本郷七丁目二番八号
郵便番号一一三－〇〇三三
電話〇三－三八一三－九一五一〈代表〉
振替口座〇〇一〇〇－五－二四四

印刷＝平文社　製本＝ナショナル製本
装幀＝山崎　登

歴史文化ライブラリー

1996.10

刊行のことば

現今の日本および国際社会は、さまざまな面で大変動の時代を迎えておりますが、近づきつつある二十一世紀は人類史の到達点として、物質的な繁栄のみならず文化や自然・社会環境を謳歌できる平和な社会でなければなりません。しかしながら高度成長・技術革新にともなう急激な変貌は「自己本位な刹那主義」の風潮を生みだし、先人が築いてきた歴史や文化に学ぶ余裕もなく、いまだ明るい人類の将来が展望できていないようにも見えます。このような状況を踏まえ、よりよい二十一世紀社会を築くために、人類誕生から現在に至る「人類の遺産・教訓」としてのあらゆる分野の歴史と文化を「歴史文化ライブラリー」として刊行することといたしました。

小社は、安政四年（一八五七）の創業以来、一貫して歴史学を中心とした専門出版社として書籍を刊行しつづけてまいりました。その経験を生かし、学問成果にもとづいた本叢書を刊行し社会的要請に応えて行きたいと考えております。

現代は、マスメディアが発達した高度情報化社会といわれますが、私どもはあくまでも活字を主体とした出版こそ、ものの本質を考える基礎と信じ、本叢書をとおして社会に訴えてまいりたいと思います。これから生まれでる一冊一冊が、それぞれの読者を知的冒険の旅へと誘い、希望に満ちた人類の未来を構築する糧となれば幸いです。

吉川弘文館

〈オンデマンド版〉
薬と日本人

On Demand
歴史文化ライブラリー
67

2017年（平成29）10月1日　発行

著　者　山《やま》崎《ざき》幹《みき》夫《お》
発行者　吉川道郎
発行所　株式会社　吉川弘文館
〒113-0033　東京都文京区本郷7丁目2番8号
TEL　03-3813-9151〈代表〉
URL　http://www.yoshikawa-k.co.jp/

印刷・製本　大日本印刷株式会社
装　幀　清水良洋・宮崎萌美

山崎幹夫（1931～）

ISBN978-4-642-75467-5